중독
심리학으로 바라보다

중독 심리학으로 바라보다
알코올, 담배, 카페인, 마약, 도박, 인터넷, 음식, 운동

초판 1쇄 발행 2024년 10월 11일

지은이 고건
펴낸이 장길수
펴낸곳 지식과감성⁺
출판등록 제2012-000081호

교정 이주연
디자인 서혜인
편집 서혜인
검수 정은솔, 이현
마케팅 김윤길, 정은혜

주소 서울시 금천구 벚꽃로298 대륭포스트타워6차 1212호
전화 070-4651-3730~4
팩스 070-4325-7006
이메일 ksbookup@naver.com
홈페이지 www.knsbookup.com

ISBN 979-11-392-2140-4(03180)
값 16,700원

• 이 책의 판권은 지은이에게 있습니다.
• 이 책 내용의 전부 또는 일부를 재사용하려면 반드시 지은이의 서면 동의를 받아야 합니다.
• 잘못된 책은 구입하신 곳에서 바꾸어 드립니다.

지식과감성⁺
홈페이지 바로가기

(사)한국청소년지도학회

중독
심리학으로 바라보다

— 알코올, 담배, 카페인, 마약, 도박, 인터넷, 음식, 운동

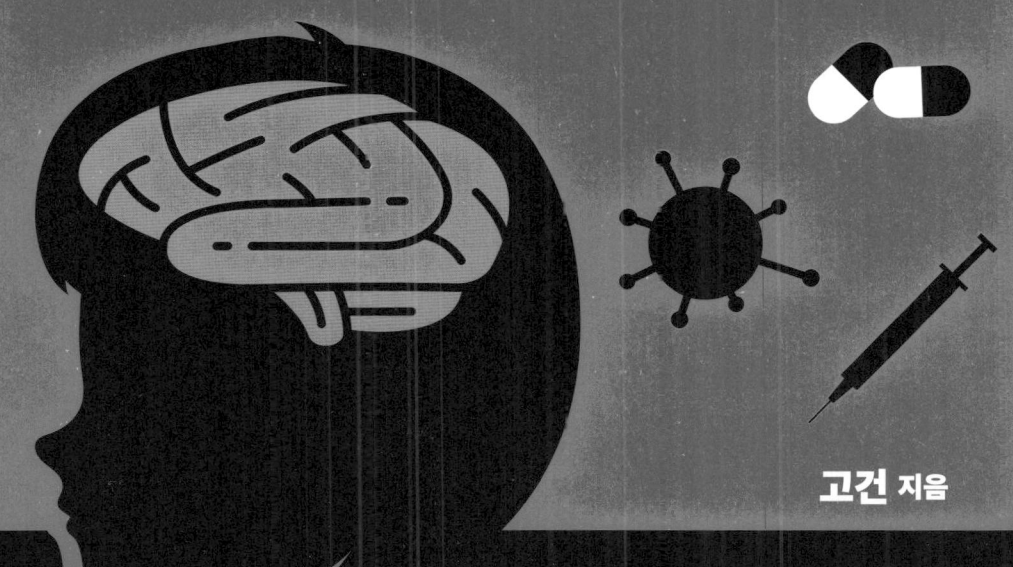

고건 지음

지식감정

프롤로그

중독이란

우리는 평균 이상으로 무언가에 빠져 있는 것에 대하여 흔히 '어딘가 또는 무언가에 중독되었다'라는 표현을 사용한다. 인터넷, 게임, 스마트폰, TV, 쇼핑, 커피, 술, 담배, 마약, 도박, 운동, 심지어 사랑 그리고 일에도 중독되었다는 표현을 쓴다. 현대사회는 중독과 크고 작은 전쟁을 치르고 있다.

심리학에서는 내성과 금단이 발생하게 되는 중독의 발달 초기 단계에서 충동성이 중요한 요인으로 작용하며, 습관화된 중독 행위가 유지되는 데에는 강박성이 핵심적으로 관여하는 것으로 보고 있다. 또한 정신의학자들은 중독을 '정신질환'으로 분류하고 진단하고 있다.

미국정신의학회(APA: American Psychiatric Association)에서는 중독에 대한 구분을 물질과 비물질(행위)로 보고 있다. 물질에는 알코올, 카페인, 대마, 환각제(단, 펜시클리딘 이외의 환각제들을 구별된 범주로 진단), 흡입제, 아편계, 진정제, 수면제 또는 항불안제, 자극제(암페타민류, 코카인, 기타 자극제), 담배, 기타 물질로 나뉜다. 이러한 10가지 종류의 물질들은 완전하게 구분되지 않는다.

약물을 과다복용하게 되면 행동과 기억 생성을 강화하는 뇌 보상체계를 직접 활성화한다. 보상체계를 강력하게 자극하기 때문에 정상적으로 일어나는 뇌 활성화 신호들을 무시하는 것이다. 보상회로를 활성화하여 '고양감'의 쾌락을 만든다. 물질을 사용함으로써 뇌의 억제체계에 부정적인 영향을 주어 물질사용장애로 발전될 수 있다.

미국정신의학회에 따르면 '약물중독(Drug acdiction)'은 잠재적으로 부정적 뜻을 내포하는 불확실한 정의이기에 중립적 단어인 '물질사용장애'를 사용하길 권장하고 있다. '물질사용장애(Substance use disorder)'는 경도부터 만성적으로 재발하고 강박적으로 약물을 사용하는 고도까지 넓은 범위의 장애를 설명할 때 쓰인다.

반면에 미국정신의학회는 비물질, 다른 말로 행동중독에는 도박장애만 포함시켰다. 그러한 이유는 도박장애가 남용약물과 같이 보상체계를 활성화한다는 것과 약물장애로 인한 행동의 증상들이 유사하다는 증거들이 있어 DSM-5에서 중독으로 분류될 수 있었다. 과도한 행동 패턴과 고양감을 가져다주는 또 다른 행위들, 이를테면 인터넷, 음식, 운동과 같은 고양감을 얻기 위해 반복적인 행위를 보여 주는 행동중독들은 포함되지 않았다. 그 이유는 행동중독들이 정신질환의 진단기준을 만들고 심사하는 더 필요한 증거가 불충분하기 때문이라는 것이다.

행동중독의 분야에서 세계적으로 인정받고 있는 최삼욱 정신과 전문의는 행동중독이란 '인간의 일상적 행동이 중독의 대상이 되는 것'

이라 정의하였다. 이는 단순히 '과도한 어떤 행동'을 중독으로 보지 않고, 약물을 통하지 않고 뇌의 보상회로에 영향을 주어 내성과 금단, 조절력을 상실하게 하는 중독 현상이 일어나는 것을 '비물질중독' 또는 '행동중독'으로 보는 것이다. 시대가 변하고 과학이 발전함에 따라 이러한 행동중독에도 변화가 나타났다. 요즘 들어 급격하게 헬스 열풍이 불며 운동 행위의 금단과 조절력의 상실을 보이는 '운동중독' 그리고 스마트폰이 생기면서 'SNS중독'이 나타나기 시작했다.

한편 가톨릭대학교 정신건강의학과 이해국 교수는 이러한 중독 문제는 처벌을 통해 해결할 수 없다고 하였다. 그에 따르면, 국내에서 스스로 목숨을 끊는 이들이 크게 늘지 않았음에도 우울을 호소하는 이들이 굉장히 늘어났는데, 이들이 사회적으로 고립되다 보니 외부의 강력한 물질이나 자극을 원하는 욕구에서 온라인 도박과 마약으로 이어진 것이라 하였다. 국내에서는 의료기관과 재활기관으로 이어지는 연계 모델이 많지 않아 의료계와 연결이 끊겨 치료 시스템이 망가진 상태라고 하였다.

앞으로 우리 사회는 다양한 발전된 형태의 중독들이 나타날 것이다. 통제력 상실에 의해 정신질환을 보이고 가족들과의 불화와 사회적 부적응을 나타낸다. 이러한 중독에 빠져 몸과 마음이 혼란 상태에 있는 이들에게 도움을 줄 수 있어야 한다. 만약 우리 사회가 한 개인의 중독에 대해서 무관한 일로 여긴다면 중독의 씨앗이 널리 퍼져 중독 숲을 이루는 결과를 초래할 것이다.

각 장은 미국정신의학회의 《DSM-5-TR 정신질환의 진단 및 통계 편람》(제5판 수정판)과 이상심리학 및 중독 관련 문헌들을 참고하여 다음과 같이 분류하였다. 1장은 뇌과학 및 심리학을 통하여 중독에 대한 개념과 이해를 돕는다. 2장은 물질중독에 알코올, 니코틴, 카페인 등이 있으며, 3장 마약류는 미국정신의학회의 분류에 따라 대마, 환각제, 자극제, 아편계, 흡입제로 구성하였다. 마지막 4장은 행동중독으로 도박중독과 더불어 인터넷, 음식, 운동 등을 포함시켰다.

이 책의 목차 구성은 기승전결로 되어 있지 않다. 바쁜 현대사회에 앉아서 책을 읽을 정도로 여유롭지 않을 것이다. 그렇기에 목차를 보고 궁금한 부분만 꺼내어 보더라도 어렵지 않게 이해할 수 있도록 구성하였다.

이 책은 우리 사회에 중독이 얼마나 만연해 있는지를 시사하고 있다. 또한 앞으로 보일 다양한 형태의 중독행위 기저에 개인의 과거, 발달, 감정, 기질, 관련 정신질환 등이 뿌리로서 자리 잡고 있다는 것도 내포하고 있다.

아는 것에서 멈추지 않고 중독에 빠진 이들에게 도움의 손길을 펼칠 수 있기를, 혹은 중독에 빠졌다면 중독으로부터 자유하기를 바란다. 마지막으로 우리 사회가 보다 건강하고 깨끗한 사회가 되기를 소망한다.

목차

4 – 프롤로그

1장 중독

12 – 1. 물질중독, 행동중독

15 – 2. 중독의 특징 및 진단기준

17 – 3. 뇌과학으로 보는 중독: 1

22 – 4. 뇌과학으로 보는 중독: 2

27 – 5. 뇌과학으로 보는 중독: 3

31 – 6. 중독의 심리학적 접근

39 – 7. 중독과 범죄율

43 – 8. 차가운 시선

48 – 9. 중독과 자살

52 – 10. 자기이해 그리고 사랑

57 – 11. 자조집단의 12단계 실천 원리

61 – 12. 약물중독의 효과적 치료 원칙

2장 물질중독

69 – 1. 물질중독이란

77 – 2. 알코올중독

86 – 3. 담배

95 – 4. 카페인

3장 마약류중독

- **103** – 1. 마약류의 이해
- **107** – 2. 대마
- **116** – 3. 환각제
- **129** – 4. 자극제
- **138** – 5. 아편계
- **152** – 6. 흡입제

4장 행동중독

- **161** – 1. 행동중독의 이해
- **164** – 2. 도박중독
- **179** – 3. 인터넷, 게임 중독
- **190** – 4. 음식중독
- **199** – 5. 운동중독

212 – 부록

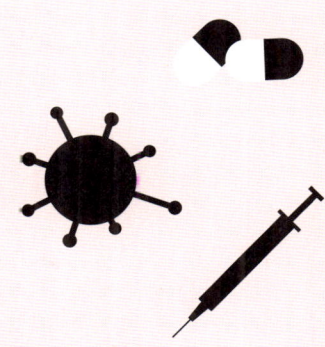

1장

중독

1.
물질중독, 행동중독

우리는 살면서 '중독'이라는 단어를 여러 상황에서 종종 사용하고 있다. "음식에 중독되었어."라는 표현을 쓸 때에는 "끊을 수 없을 만큼 맛있다."라는 뜻에서 사용하며, "어떠한 것이 되게 중독적이야."라고 할 때에는 이것이 신선한 충격으로 다가와 자극적이기도 하며, 또는 스트레스를 해소할 만큼 기분을 고양시켜 줄 때에 사용하기도 한다. 예컨대, 마약 떡볶이라는 이름은 떡볶이가 매우 자극적이어서 끊을 수 없을 만큼 맛있다는 것을 유추해 볼 수 있다. 하지만 우리가 일상 표현으로 사용하고 있는 '중독'은 학문적으로는 결코 긍정적으로 바라볼 수 없다.

정신의학자들의 성경책으로 불리고 있는 미국정신의학회에서 발간한 《DSM-5-TR 정신질환의 진단 및 통계 편람》에서는 중독을 정신적 질환으로 보고 있다. 물론 중독이 심리적 현상으로 나타나는 것이긴 하나, 모든 강박적 사용에는 뇌 기능의 일반적인 원리에 따른다. 이는 그 발단이 어떠한 물질이 뇌의 보상회로에 영향을 주어 정신과 행동의 결과로 나타나는 것이기 때문이다. 또한 여기서 중독은 두 가지 양상으로 나뉘는데, '물질중독'과 '행동중독'으로 나뉜다. 물질중독은 우리가 흔히 알고 있는 알코올중독, 흡연중독, 마약류중독 등이 있다. 행동중독은 비물질중독으로 불리며, 《DSM-5-TR 정신질환의 진단 및 통계 편람》에서는 도박중독만을 분류시켜 놨다. 지임중독은 정식적으로 분류하지 않았으나 정신의학자들 사이에서 거론되고 있고, 그 외에 운동이나 쇼핑, 성에 대한 것들은 포함 되어 있지 않다. 이는 정신질환으로서 명확히 진단되어야 하나, 그 기준을 세우기 위한 증거들이 불충분하기 때문이라는 것이다. 그렇다면 도박을 제외한 다른 행동들을 행동중독에 포함시켜야 하는 이유는 무엇일까. 이는 정신질환으로 진단할 수 없지단, 인간의 정신과 행동을 분석하는 학자라면 중독의 형태를 나타내는 다른 행동들도 하나의 중독으로 바라보고 치료적 개입을 할 수 있어야 하기 때문이다.

이러한 점에서 질병관리청에서는 '헝동중독'을 일종의 습관성 중독으로, 심리적 의존이 있어 계속 물질, 행위, 약물 등을 갈망하고 이로 인해 신체적, 정신적 건강을 해치게 되는 상태로 보고 행동중독에 도박, 알코올, 흡연, 인터넷, 쇼핑 등을 포함시키고 있다. 중독 정신과 전문의 케네스 폴 로진버그(Kenneth Paul Rosenberg)와 임상심리학자 로라 커티스 페더(Laura Curtiss Feder)는 이들의 저서 《행동중독: 준거, 근거, 그리고 치료》에서 도박, 인터넷, SNS, 게임, 음식, 성, 운동 등을 행동중독으로 보았다. 또한 행동중독의 분야에서 인정받고 있는 최삼욱 정신과 전군의는 행동중독이란 '인간의 일상적 행동이 중독의 대상이 되는 것'이라 정의하였으며, 도박, 인터넷, 성, 쇼핑, 일 등을 행동중독에 포함시켰다.

최근 연구들에서는 물질중독과 행동중독을 통합적으로 보고자 하는 경향이 있다.

충남대학교 심리학과 김교헌 교수에 따르면 중독이란 '자기조절의 실패'이며, 물질중독과 행동중독은 유사점이 많다고 하였다. 이를테면 행위를 하기 전에 신체적, 정서적으로 각성이 유발하며, 행위 중에는 쾌락을 느끼게 된다. 행위가 끝난 뒤에는 각성이 급격하게 감소하고, 후회와 죄책감이 밀려들며, 내성과 금단증상이 발달하여 충동성과 강박성이 행동을 유지하는 데 핵심적으로 관여한다는 점이다. 이러한 데서 중독 문제에 대하여 물질과 행동으로 구분 짓는 것이 의미가 없다. 결혼한 남성이 회사 업무에서 오는 억눌린 권력욕구를 술로 해소시키는 행동으로 계속한다면, 이는 알코올중독으로 보아야 하는지 또는 권력욕구로 보아야 하는가에 대한 딜레마가 있다는 것이다. 결국, 욕구 충족의 과정에서 겉으로 보이는 대상을 중심으로 편의적으로 나눈 것이다.

학자들마다 중독에 대한 견해와 입장이 다르다. 필자는 중독을 《DSM-5-TR 정신질환의 진단 및 통계 편람》 기준으로 물질중독, 비물질중독(행동중독)으로 나누었으며, 인간의 정신과 행동을 분석하고 연구하는 사람으로서 행동중독에 도박만을 포함시키는 것은 중독의 의미를 축소하는 것이라 여겨지기에 사회적으로 이슈 되고 있는 도박, 인터넷(게임, SNS), 음식, 운동 등을 행동중독에 포함하였다. 이를 여러분들과 함께 심리학으로 바라보고자 한다.

2. 중독의 특징 및 진단기준

중독이 나타내는 모습에 대하여 알아보고자 한다. 흔히 우리가 생각해 보았을 때, 끊고 싶음에도 끊을 수 없을 만큼 강한 유지력을 보인다던가, 자신도 모르게 강박적으로 그 행위를 하게 되는 것을 '중독'으로 받아들인다.

중독에 대한 모호한 정의와 개념들을 보다 명료하게 정의하기 위해 프랑스의 정신과 의사 로랑 카릴라(Laurent Karila)는 5C로 중독 모델을 제시하였다. 그 모델을 살펴보면, 통제력 상실(Loss of Control), 소비(Consumption), 강박적 행동(Compulsion), 지속적 행동(Continued use), 부정적 결과(Consequence)로 이루어져 있다. 그는 중독을 나무로 빗대어 설명하였으며, 그림으로 보면 다음과 같다.

〈그림 1〉 로랑 카릴라의 중독나무(재구성)

멀리서도 보이는 나무의 상단 부분인 가지와 풀잎에는 물질(마약류, 알코올, 니코틴 등)과 행동(인터넷, 성, 운동, 쇼핑 등)의 형태로 중독을 나타내고 있으며, 이러한 행동들의 기저에는 행위자의 과거, 발달, 감정, 기질, 관련 정신질환 등이 뿌리로서 자리 잡고 있다는 것이다.

따라서 중독의 표면 증상만을 보는 것이 아니라 뿌리를 함께 평가하여 치료에 개입해야 한다.

충남대학교 심리학과 김교헌 교수에 따르면 '3C'라는 영문 이니셜로 대표되는 중독의 핵심 증상 3가지에는 '강박적 집착(Compulsion, Craving)', '조절의 실패(Loss of Control)', '부작용에도 불구하고 계속하기(Continuation)'가 있으며, 이는 각각 자기조절 실패의 원인과 현상 및 지속을 기술하는 것으로 해석할 수 있다.

미국정신의학회에서 발간한 《DSM-5-TR 정신질환의 진단 및 통계 편람》에서 '알코올사용장애'를 통해 중독의 증상 및 특징(2장 '2. 알코올중독' 참조)에 대해 살펴볼 수 있다.

3. 뇌과학으로 보는 중독: 1

중독은 어떠한 물질이나 행동을 통해 고양된 감정을 맛보면 이후에도 그 기억으로 인해 억누를 수 없는 충동이 생긴다. 결국 기대에 의해 약물이나 특정 행동을 다시 하게 되고 이후에 금단증상과 스트레스로 인해 또다시 약물이나 특정 행동을 반복하게 되는 것이다. 주변 사람들과의 불화가 생겨나고 자신의 삶이 무너져 가기에 이를 통제하려 해보지만 되지 않는 상태가 중독이다. 중독은 완치 되기까지 많은 시간과 노력이 필요하며, 치료가 쉽지는 않으나, 불치병은 아니다.

미국 국립약물남용연구소(NIDA: National Institute on Drug Abuse)에서는 중독을 강박적인 약물 추구와 약물 사용을 야기하는 만성병과 자주 재발하는 '뇌질환'으로 보고 있다. 중독성 약물(알코올, 카페인, 마약류 등)과 일부 행동(도박, 쇼핑, 인터넷 등)이 뇌의 화학적 의사소통 시스템에 영향을 주어 그 과정을 변형시키고, 정상적인 화학적 메신저들을 모방하고, '뇌의 보상경로'를 과도하게 자극하게 된다는 것이다. 보상경로(Reward pathway)란 뇌의 도파민 경로 중 하나로, '중뇌변연계 경로'라고도 한다. 이 시스템을 살펴보기 위해서는 중뇌 및 변연계의 개념을 확실히 잡아야 중독이 일어나는 뇌의 과정을 이해하는 데 도움이 될 것이다.

1) 중뇌와 변연계의 역할

중뇌는 뇌의 한가운데에 있으며 뇌의 대부분을 차지한 좌우 대뇌반구 사이에 끼어 있는 뇌줄기를 구성하고 있다. 중뇌는 자율신경계의 조절과 체온, 혈당 등을 조절하는 것으로 알려져 있는데, 이외에도 상행성, 하행성 흥분을 전달하는 기능과 청각과 시각에 대한 반사중추기능을 한다. 중뇌에는 도파민성 신경세포가 존재한다.

우리가 만약 상황에 맞닥뜨렸을 때 어떠한 감정 반응이 자동적으로 나타난다면 이는 대뇌피질의 안쪽에 존재하는 '변연계 회로'와 '시상하부 핵'들의 작용에 의한 것이다. 변연계는 뇌의 어떤 명칭이 아닌, 기능적 집합체라 보는 것이 맞다. 변연계의 주요 영역은 보통 대상회와 해마, 편도체 그리고 시상하부를 포함한다. 하지만 전전두엽을 포함한 확장된 변연계의 구성은 '감정'과 '느낌'을 만드는 것에 많은 역할을 기여하고 있다. 시상하부는 본능과 같은 1차 감정을 처리하며, 전전두엽은 감정을 정서적으로 즉, 의식적으로 조절하여 느낌을 생성하는 것이다. 이러한 감정과 느낌은 본능적 욕구를 표현하고 행동의 동기를 만든다.

- **전전두엽(Prefrontal cortex):** 추상적인 생각, 판단, 예측, 충동 억제 등의 기능을 하는 전두엽의 앞부분으로, 결정하고 계획하는 기능 즉, 집행 기능을 한다.
- **해마:** 대뇌변연계의 양쪽 측두엽에 위치하며, 장기적인 기억과 공간개념, 감정적인 행동을 조절하는 역할을 한다.
- **편도체:** 측두엽 심부에 위치하며 해마와 밀접하게 붙어 있다. 편도체의 기능은 감정이 개입된 사건에 대한 기억 형성에 중요한 역할을 한다. 편도체의 자극은 공격성을 나타내며, 편도체의 중심핵은 공포와 불안 행동과 밀접한 연관이 있는 뇌간 및 시상하부와 직접적인 신경망으로 연결되어 있다. 부적절한 활성화는 불안장애와 연관 있으며, 이를 제거할 시 불안 행동이 감소할 수 있다.
- **측좌핵:** 뇌의 좌우 신경들이 모여 있는 곳으로, 약물복용을 강화하기도 하며, 몰두와 집중력이 이곳의 자극과 활동에 따라 나타난다.
- **시상하부:** 중뇌의 앞부분, 뇌줄기의 위, 시상의 아랫부분에 위치한다. 다양한 기능을 가진 작은 핵이다. 뇌하수체를 통해 신경계를 내분비계와 연결하고 우리 몸의 특정 대사과정 및 자율신경계의 활동에 중요한 역할을 한다. 체온조절, 배고픔, 갈증, 일주기 리듬 등의 활동을 조절한다.

변연계 시스템의 구조는 이중 회로로 되어 있는데, 내부 회로는 '파페즈 회로'라 불리며, '해마형성체-유두체-시상전핵-대상회-해마형성체'의 순서로 연결되어 경험 기억을 생성한다. 파페즈 회로는 1930년대 미국의 신경해부학자 제임스 파페즈(James Papez)의 이름에서 따온 것으로 감정 회로로 알려졌으나, 현재는 감정이 아닌 기억 회로

1장 중독

에 가깝다고 밝혀졌다. 외부 회로는 '감각연합피질-편도-시상하부-전전두피질'로 구성되어 감각입력에 대한 감정적 반응과 느낌을 만든다. 두 회로는 대상피질로 매개돼 상호연결되어 있다.

변연계에서 쾌감과 중독에 관한 신경연결은 중뇌변연영역에서 시상하부 그리고 중격부를 연결하는 내측전뇌다발의 신경로이다.

이러한 과정에서 도파민의 분비는 뇌의 회로에 영향을 주기에 '뇌질환'으로 보는 것이다.

중독의 과정

중독은 보통 고양된 감정인 '쾌락'을 느끼기 마련이다. 이러한 감정의 정서적 측면은 시상하부-중격-전전두엽의 연결에서 처리가 된다.
감정의 운동 측면은 복측피개영역-측좌핵-전전두엽의 연결에 의한 것이며 행동을 하도록 한다. 여기 복측피개영역(VTA)에서 신경세포의 축삭이 중격핵과 측좌핵에 도파민을 분비한다.

중독의 과정은 복측피개영역(VTA)에서 도파민의 분비가 시작되고 측좌핵(측위신경핵)을 경유하며 '전전두엽'에 이른다. 보통 동물은 감정에 의존해 행동으로 옮기는데, 인간은 감정에 의존하기보다 전전두엽이 발달되었기 때문에 감정을 억제하며, 즉각적인 만족감보다는 미래를 예견하여 행동을 할지 말지를 결정한다. 이러한 것에서 인간은 미래를 계획할 수 있는 힘이 있어 쾌락을 잠시 저버릴 수 있는 통제력이 있다. 하지만 도파민이 뇌의 회로를 적셔 버리기에 차츰 통제력을 잃어 가는 것이다. 도파민 분비는 강화와 보상에 관련한 운동기능 학습을 촉진한다.

그리하여 도박중독자의 경우, 도박에서 돈을 따낸 뒤 날아다닐 것 같은 기분이 든다면 이것은 도박에 따른 도파민 분비로 쾌락을 느낀 것이다. 결국, 이러한 도파민의 분비는 고양된 감정으로 인해 도박 행동 빈도를 높일 것이며, 만약 돈을 잃었다면 도박을 통해 다시 돈을 따냈을 때에 즉시 도파민이 분비되어 일종의 '보상'의 역할을 한다. 결국 계속적으로 보상을 갈망하게 되는 것이다.

4.
뇌과학으로 보는 중독: 2

 도파민이 쾌락 신경호르몬이라는 것은 익히 들어서 알 것이다. 그리고 이러한 도파민의 분비가 어디로부터 와서 어디까지 시냅스 하는지는 앞 챕터 '뇌과학으로 보는 중독: 1'에서 다루었다. 도파민이 뇌의 회로에 관여하여 사람으로 하여금 중독에 빠지게 한다는 사실을 보자면, 도파민이 매우 부정적으로 느껴질 수 있다. 하지만 도파민은 우리에게 있어 매우 중요한 역할을 한다.

 도파민에 대한 부분을 다시 되짚어 보면, 도파민 세포는 흑질, 복측피개영역과 시상하부에 존재하고 있다. 도파민의 경로는 앞서 설명했던 '중뇌변연계 경로'가 흑질영역에 의한 것이고, '중뇌피질 경로'는 전전두엽피질에 의한 것이다. 이 두 경로는 보상과 동기부여의 기능을 한다.

도파민중독
 인간이 안정적인 삶을 원하듯, 우리의 몸과 마음도 평형상태를 이루는 것을 원한다. 이를 생리학에서는 '항상성 유지'라 한다. 리처드 솔로몬(Richard L. Solomon)은 이러한 항상성의 유지가 도파민과 같은 정서에도 적용이 된다고 보았다. 가령, 술을 마시거나 마약을 하거나 도박을 통해 중뇌변연계 경로(VTA-측좌핵-전전두엽)로부터 도파민이 과다분비되어 쾌감을 느꼈다면, 행동을 마친 이후에는 공허감이 밀려올 것이다. 이러한 쾌감 이후의 공허감은 도파민의 균형 잡기 결과이며, 항상성 유지가 작용하였기 때문이다. 마치 하늘 높이 던진 공에 지구의 중력이 작용하여 아래로 끌어 내리려는 성질과도 같다.

도파민에도 내성이 존재한다. 처음에는 작은 금액으로 도박을 하여도 마냥 즐거웠다면, 이후에는 더 큰 리스크를 안고 모험을 즐겨야지만 쾌감을 느끼게 된다. 시속 50km를 달려도 스릴감을 느꼈던 운전이 이젠 150km 이상의 속도를 내야만 스릴감을 느낄 수 있게 되는 것은 도파민에 내성이 생긴 결과이다. 이전보다 더 큰 자극을 주어야 도파민이 더 분비된다면, 도파민에 중독된 것이라 할 수 있겠다.

1) 쾌락과 고통의 대비효과

쾌락을 강하게 느낄수록 우리의 몸은 항상성이 작용하여 강한 고통이 뒤따른다. 내성으로 인해 쾌락을 갖지 못해도, 고통으로부터 벗어나게 해 주기에 마치 사막 가운데 오아시스 같은 존재들이다.

영국 사상가 존 로크(John Locke) 또한 미지근한 물을 만나기 전, 어떠한 온도의 물을 만나느냐에 따라 느껴지는 것이 달라진다고 하였다. 차가운 물에 적응하다가 따뜻한 물을 만나게 되면 그 물은 따뜻함이 아닌 뜨거운 것으로 받아들여진다. 심리학에서는 이러한 현상을 대비효과(Contrast effect)라 한다. 미술계에서는 상이한 2가지 색이 서로 영향을 끼쳐 그 상이함이 강조되어 지각되는 현상을 말하기도 한다.

중독자의 경우 대비효과에 의해 쾌락과 고통을 강하게 느낄 수 있는 것이다. 예컨대 평온했던 삶에서 쾌락을 맛보았다가, 항상성 메커니즘에 의해 고통이 지옥과 같아진다. 이를 벗어나고자 더 강한 쾌락을 취할수록 고통은 더욱 강하게 작용하게 된다.

괴테는 이러한 말을 남겼다. "인간은 오직 대조에서만 강렬한 즐거움을 얻을 수 있다." 대조에서 강렬한 즐거움을 얻을 수 있다는 것은 중독행동에 대한 반작용으로 생겨난 고통 이후에 또다시 중독행동을 함으로써 얻어지는 쾌락이 더욱 강렬하게 작용할 수 있음을 의미하기도 한다.

중독자는 일상에서 공허감이 찾아오니, 이전의 황홀했던 감정과 기억을 떠올릴수록 그리고 더 강한 자극을 취할수록 쾌락과 고통의 굴레에서 벗어날 수 없는 것이다.

그러나 도파민이 없다면?

만약 그러하다면 우리의 몸은 어떻게 될 것인가. 우리에게 치매 중 하나로 알려진 파킨슨병은 몸이 자신의 뜻대로 움직여지지 않는 신경퇴행성질환이다. 이는 중뇌에서 흑질영역에 존재하는 도파민 신경세포의 퇴화로 인한 것이다. 다시 말해, 도파민이 없다면 우리는 당장 몸을 움직이지 못하게 될 것이다. 또한 정신질환 중 하나인 ADHD 즉, 주의력결핍과잉행동장애는 도파민을 통해 증상을 완화시키기도 한다. 도파민의 결핍이 이러한 정신질환과 밀접한 연관이 있다는 주장이 있다.

또한 도파민이 없다면 우리는 쾌감을 느끼지 못하는 무쾌감 상태에 빠질 것이다. 우울장애의 특징 중 하나가 무쾌감이다. 우울증을 앓고 있는 환자들에게 중뇌변연계 경로의 자극을 주더라도, 이는 일시적인 즐거움을 가져다줄 뿐이지 완전한 회복을 주진 못한다.
우리의 인생에 있어 쾌감을 느끼지 못한다면 어떻게 되겠는가? 가령, 친구들과 오락을 하더라도 쾌감을 느끼지 못할 것이다. 맛있는 저녁 식사를 먹더라도 감흥이 없을 것이다. 사랑하는 사람과의 성적인 관계를 갖더라도 쾌감을 느끼지 못할 것이다. 결국, 도파민은 없어선 안 되는 것이다.

도파민은 분명 없어서는 안 될 물질이기는 하나, 끝없이 더 강한 쾌감을 느끼려는 욕심은 결국 사람으로 하여금 목숨을 내걸어 쾌감을 얻으려는 지경에 이르고 만다. 경제 용어 중 하이리스크 하이리턴(High Risk High Return)이라는 말이 있다. 이는 큰 위험을 감수해야만 더 많은 이익을 기대할 수 있다는 것이다. 역으로 높은 위험에는 높은 대가가 따르기 마련이라고도 볼 수 있다.

"High Risk High Return."

5. 뇌과학으로 보는 중독: 3

후각은 동물에게 있어 매우 중요한 요소로 자리 잡는다. 특히 동물들은 냄새를 통해 낯선 침입자를 확인하고, 냄새를 구분함으로써 길을 잃지 않기도 한다. 인간에게 있어서도 후각은 매우 중요하다. 가령 좋은 향기를 맡으면 좋은 감정을 갖게 되고, 유독한 냄새를 맡았을 때에는 가스가 새는지를 확인하여 위험을 감지하기도 한다. 공간 내의 냄새를 맡음으로써 공간이 주는 감정과 느낌을 갖게 된다. 우리의 코는 1조 개에 달하는 냄새를 1,000개가량의 수용체로 구분한다. 바나나는 350개의 분자로 이루어져 있으며, 커피는 800개의 분자 형태로 이루어져 있다고 한다. 세상은 다양한 분자와 다양한 냄새로 가득 차 있다.

뇌의 중격영역 아래에 앞으로 돌출된 부위가 있는데, 이것이 후각신경과 연결된 후각망울이다. 후각망울은 후각로로 이어져 측두엽의 후각영역으로 들어간다. 후각은 편도체와 중격영역에 신경축삭을 뻗어 감정에 대한 행동반응을 일으킨다. 편도체와 중격영역은 해마와 연결되어 있기 때문에 감정과 기억이 신경 회로를 통해 연결되는 것이다. 후각망울이 변연계와 이어져 있다는 것은 냄새가 감정이나 기억으로 저장될 수 있음을 의미한다.

이러한 후각과 이어진 뇌 경로의 정보들은 중독이 우리에게 어떠한 영향을 미치고 있는지를 답해 주고 있다.

첫째, 냄새에 의해 중독될 수 있다.

독일 뒤셀도르프대학교의 생물 및 사회심리학과 교수 베티나 파우제(Bettina M. Pause)는 우리가 평소에 후각적 정보를 의식하지 않지만, 후각은 뇌가 인지, 감정, 기억 기능을 수행하는 데 기반이 되며, 외부를 이해하는 데 시각만큼이나 많은 부분을 차지하고 있다고 하였다.

담배에 중독된 사람들을 깊게 살펴보면, 담배에 불을 붙이기 전 종이 냄새와 니코틴 냄새 그리고 담배 피우는 공간과 사람들이 가져다주는 냄새를 맡게 될 것이다. 담배에 불을 붙인 후의 냄새와 담배를 입에 머금고 들이켠 다음 폐를 거쳐 다시 내뱉으며 공기 중으로 뿜어져 나오는 냄새, 각성 효과에 의한 긍정적 반응 이 모든 것이 연합하여 냄새와 기억으로 남게 되는 것이다. 이 모든 과정을 세세하게 의식하지 않겠지만, 어떤 기억의 형태로 자리 잡아 우리의 행동을 지배하는 것이다. 눈으로 보이는 정보가 다는 아니다. 우리도 모르는 새에 냄새에 의해 기억하고, 냄새에 의해 감정을 느낀다는 사실이다.

둘째, 냄새와 연합된 감정과 기억에 의해 중독으로부터 벗어나기 힘들다.

만약 특정 음식에 중독된 사람이 중독에서 벗어나기 위해 참고 있다고 했을 때, 음식 냄새를 맡게 되었다면 냄새로부터 새겨진 감정과 기억이 뇌를 지배하여 통제력을 상실하게 만들 것이다. 음식의 향과 공간이 주는 냄새는 사람에게 감정을 일으키고 과거의 추억을 재소환하기도 한다. 마치 섬광기억처럼 그 순간, 과거에 새겨졌던 감각들이 다시 살아나 현재에 영향을 미친다. 우리가 새해에 다이어트를 결심하여도 작심삼일로 끝나는 이유가 이러한 것이다. 중독과 관련된 사람, 사물, 물질, 공간 등의 냄새를 맡게 되는 순간순간들이 유혹거리가 될 수 있음이다.

 이렇듯 강렬한 냄새, 익숙한 냄새, 좋은 냄새에 중독이 되었다면 자신도 모르는 새에 냄새에 의한 감정과 기억이 마음에 작용하지 않도록 하기 위해서 어떻게 해야 할까? 중독의 행위를 자주 하였던 장소, 함께 한 사람, 중독물질 등으로부터 멀리 벗어나는 것이다. 이들에게서 풍겨져 나오는 냄새에 의해 자신도 모르는 사이 중독에 이끌릴 수 있다는 사실을 기억하고 행동으로 옮기길 바란다.

"냄새는 감정과 기억을 지배할 수 있다."

6. 중독의 심리학적 접근

1) 올포드의 SBCM 모형

영국 공립 버밍엄대학교의 심리학과 명예교수 짐 올포드(Jim Orford)는 일상 속에서 과도한 즐거움과 만족을 가져다주어 삶의 질을 손상시키는 다양한 종류의 활동들을 중독으로 보았다. 이러한 활동에는 물질중독과 도박 외에도 쇼핑, 성, 인터넷, 운동 등이 포함되는 것이다.

짐 올포드의 저서 《Excessive Appetites(과도한 탐닉)》에 의하면 중독은 특정 대상이나 행동에 나타나는 강한 애착의 발달이라고 설명하고 있다. 그가 이 이론을 제시한 건 이전의 연구와 이론들이 중독의 원인을 중추신경계에 영향을 미치는 소수 약물의 효과에 대해서만 관심을 쏟았기에 이러한 근시안적 관점 그리고 고정관념에서 벗어나려는 시도였다. 중독이라는 현상은 세부 특징만 보아선 안 되는 것이며 전체적 양상을 볼 수 있어야 한다.

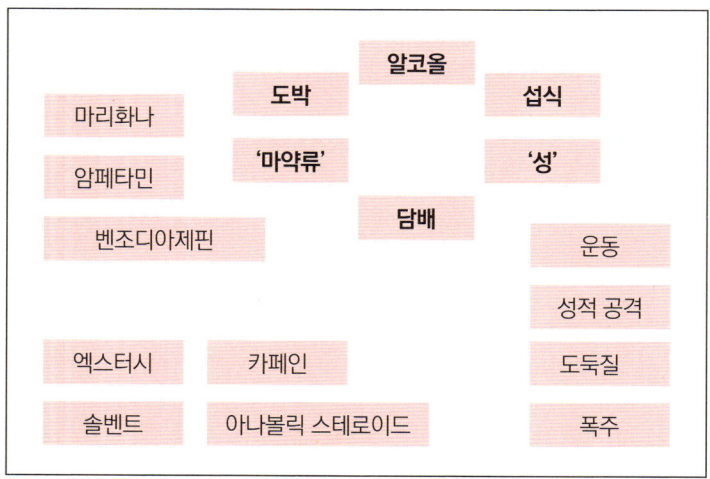

〈그림 2〉 과도한 탐닉 영역(Orford, 2001, p.3)

또한 중독의 발달 및 변화 과정을 종합적으로 설명하기 위해 사회-행동-인지-도덕(Social-Behavior-Cognitive-Moral, SBCM 모형)을 제안하였다.

그가 제시한 SBCM 모형은 〈그림 3〉과 같다.

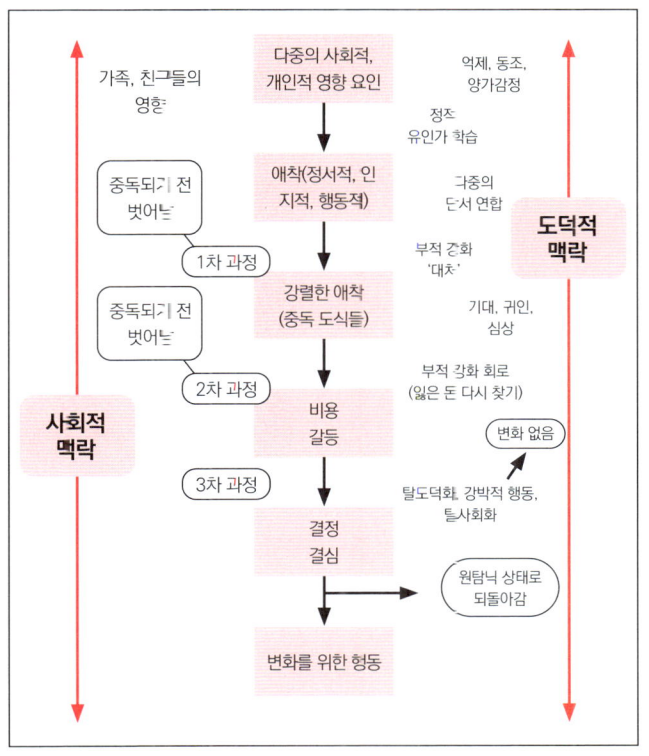

〈그림 3〉 SBCM, 과도한 탐닉 모형(Orford, 2001, p. 345)

그에 따르면 중독은 3단계에 걸쳐 진행된다. 각 단계마다 사회적 맥락과 도덕적 맥락에 의해 영향을 받게 된다. 중독은 역사, 문화, 사회적 지위, 도덕적 가치관과 무관하게 정의할 수 있는 절대적인 기준이 없다는 것이다.

그는 과도한 탐닉 그리고 행동에 대한 통제력을 상실하는 것이 전적으로 개인의 내적 요인에 의해 결정된다 보기 어렵다고 판단하였다.

술을 조절하며 먹던 사람이 회식 자리나 지인과의 술 모임에서는 조절하기 어려울 수 있고, 니코틴에 중독되다시피 하던 사람이 전문가에게 의뢰하여 담배를 끊으려는 시도를 할 수 있는 것과 같이 과도한 탐닉에 대한 통제력은 개인의 자유의지를 비롯해 사회적, 도덕적 맥락의 영향을 함께 받는다.

탐닉 활동의 포기는 어떻게 이루어지는가?
첫째는 인지적 성분으로 변화하겠다는 결심이나 결정 등을 하는 것이다. 둘째는 동기 성분으로 행위나 행동을 실행에 옮기는 것이다. 개인이 탐닉 활동을 포기하는 것에 있어 전문가에게 도움을 받거나 전문가에게 도움을 받지 않고 스스로 회복하려는 시도들이 있을 것이다. 이를 '사회 및 영적, 도덕적 과정'이라 한다. 그동안 탐닉 활동 포기에 관해 진행되어 왔던 연구들이나 이론들에서는 이러한 과정들을 중요한 요소로 생각하는 경향이 적었으나, 짐 올포드의 SBCM 모형은 이것에 근간을 두고 있다.

또한 주변 사람들의 걱정과 관심으로도 탐닉 활동의 중단 과정에 중요한 영향을 미친다. 이러한 점에서 '나'를 비롯한 우리 사회가 주변에 탐닉 활동으로 삶을 건강하게 살아 내지 못하는 이들에게 진심 어린 걱정과 관심 그리고 지지하는 마음이 더해질 때 그들은 과도한 탐닉으로부터 구원받을 수 있다.

2) 아젠의 계획된 행동 모형

매사추세츠대학교 애머스트 캠퍼스의 사회심리학자이자 명예교수인 아이섹 아젠(Icek Ajzen)은 '계획된 행동 모형(Planned behavior model)'을 통해 중독 행동의 인과적 관계가 있는 변인들 간의 관계와 경로를 탐색하여 중독을 설명하고 있다. 자신의 행동에 대한 '태도', '주관적 규범', '지각된 행동 통제력'은 상호작용하여 행동의 의도를 만들어 내고, 만들어진 '행동 의도'는 중독을 야기하게 된다. 계획된 행동 모형을 도식화하면 다음과 같다.

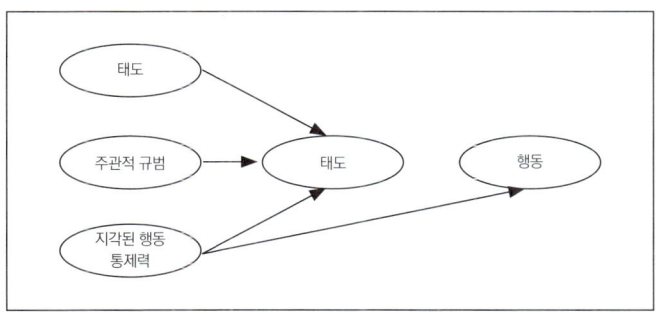

〈그림 4〉 계획 행동 모형(Ajzen, 1991, p. 182)

계획된 행동 모형의 세부 내용은 다음과 같다.

첫째, 태도.
이는 특정 행동에 대한 개인적 평가를 의미한다. 특정 행동에 대한 개인의 태도는 그 행동이 긍정적 또는 부정적인 결과를 초래할 것이라는 개인의 마음에 달려 있다.

둘째, 주관적 규범.
이는 어떤 행동의 수행 여부에 대한 인식된 사회적 압력을 의미한다. 태도와 주관적 규범은 각각 개인적, 사회적 요소로서 개인의 특정 행위를 수행하거나 수행하지 않는 데 영향을 주는 사회적 압력을 개인이 인지하는 것이며, 개인은 자신의 주관으로 이러한 인지된 규범을 다루기 때문에 이를 주관적 규범이라고 부른다.

셋째, 지각된 행동 통제력.
자신이 행동을 통제할 수 있다고 지각하는 것이다. 행동 통제력은 개인이 행동을 수행하는 것이 쉽거나 어렵다고 지각하는 수준이다. 아젠 교수에 따르면 지각된 행동 통제력은 행동에 직접 영향을 미치는 경로도 가지고 있기 때문에 실제 행동 수행을 예측하는 요인으로도 볼 수 있다.

넷째, 행동 의도.
이는 행동을 수행하려는 의도로 행동을 결정하는 주된 요인이다. 그의 계획된 행동 모형에 따르면 개인의 특정 행위는 그 행위를 하는 원인에 의해 직접적으로 영향을 받기보다 행동 의도라는 매개변인을 통해 실현되고, 이 행동 의도는 태도, 주관적 규범, 지각된 행동 통제력에 의해 영향을 받는다.

경북대학교 심리학과 박호완 교수에 따르면, 'SBCM 모형'은 중독의 발달과 경과에 대한 모형으로 중독의 치료와 개입을 위해 활용할 수 있다고 평가하였고, '계획 행동 모형'은 중독행동을 유발할 수 있는 요인 즉, 성격 구조, 태도, 의도 그리고 환경 등에 초점을 맞춘 모형이라 할 수 있으며, 중독에 대한 예방이나 연구에 활용될 수 있다고 평가하였다.

3) 김교헌의 대안 모형

충북대학교 심리학과 김교헌 교수는 여기서 더 나아가 '습관'과 '기회' 두 요인을 추가하는 것을 제안하였다. 그의 대안 모형을 살펴보면 〈그림 5〉와 같다.

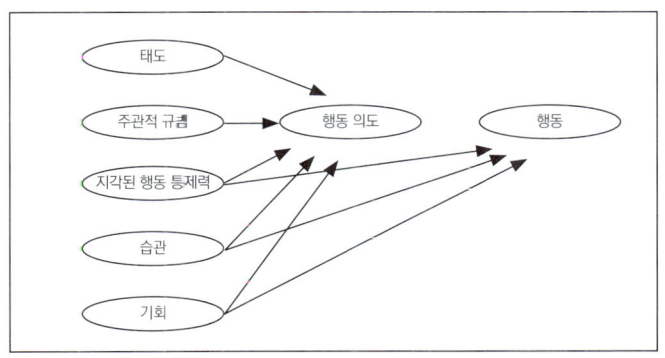

〈그림 5〉 김교헌의 대안 모형

여기서 습관이란 과거에 그 행동을 반복적으로 여러 차례 수행하여 자동적이고 의례적이게 된 행동을 일컫는다. 그는 과거 행동이 습관과 개념적으로 매우 유사하고, 여러 차례 반복을 통해 습관화된 것이 올포드 SBCM 모형의 강한 애착의 발달과 유사하다 볼 수 있다고 하였다. 습관은 생리적 의존성의 발달로 인해 반복되는 행동 변량을 심리적 변인으로 대체하여 설명할 수 있는 한 방법이 될 수 있다.

　다음으로 '기회'는 특정한 행동을 수행하는 데 필수적으로 요구되는 물리적 공간과 시간 및 행동 대상이 존재함을 의미한다. 음주, 흡연, 마약, 과식(또는 폭식), 도박 등에서 그 행동을 알 수 있는 시간과 공간 및 그 대상이 없다면 행동은 발생하지 않는다. 이 요인은 특정 대상 행동이 일어나기 위해서는 반드시 포함되어야 하기에 지금까지 발견되지 못하고 무시되어 왔을 것이다. 그러나 올포드의 SBCM 모형에서도 지적하고 우리가 일상에서 쉽게 관찰할 수 있듯이, 시대와 상황 혹은 하위문화에 따라 특정 행동을 할 수 있는 기회는 매우 달라진다. 예를 들어 마약과 도박의 경우 환경에 따라 기회는 달라지게 된다. 법적으로 개인에게 마약과 도박을 일정 부분 허용하거나, 엄격하게 금지하고 처벌하는 경우에 따라 마약과 도박의 기회는 확연하게 달라질 것이며 이는 기회가 행동 의도와 행동에 미치는 영향을 가늠해 볼 수 있다. '지각된 행동 통제력'이나 '주관적으로 지각하는 규범' 요인에 기회 성분이 영향을 미칠 수 있겠지만, 개인의 주관적인 지각과 객관적 상황 여건으로서의 기회는 독립적으로 다루는 것이 필요하다.

7. 중독과 범죄율

중독에 빠진 이들이 도파민에 의해 쾌락을 지속적으로 갈망하는 것에서 쾌락을 가져다주는 물질과 행동을 추구하게 된다. 중독성을 나타내는 물질이나 행동을 과하게 하는 것에 대하여 국가에서 금지하고 있음에도 이를 어겨가며 중독과 관련한 범죄에 연루되기도 한다. 마약 중독자들의 경우, 마약류를 구하기 위해 범죄에 가담되기도 하며, 의사가 처방한 적정 기준을 초과하는 약물을 투과하거나, 밀매 또는 소지하기도 한다. 도박의 경우에도 마찬가지이다. 자국민이 도박을 목적으로 해외 카지노에 가서 국가에서 정한 일정 금액을 초과하며 도박을 한다던가 또는 불법 사설 사이트를 통해 스포츠 토토, 사다리 등의 불법 도박을 하는 것이다. 사법기관에서는 이러한 범법 행위를 공식범죄율로 집계한다.

공식범죄율(Official crime rate)이란 전문가와 대중들에게 발표되는 것으로 시기별, 지역별 상대적 범죄 수준을 쉽게 가늠하기 위해 해당 지역의 인구수 대비 수사기관이 처리한 범죄사건 수에 일정한 상수를 곱한 통계지표 정도로 정의된다. 공식범죄율은 검찰에서는 '범죄발생비율(犯罪發生比率)', 경찰은 '범죄발생비(犯罪發生比)'라는 용어로 사용하고 있다. 하지만 학계에서는 이러한 용어를 대신하여 범죄율이라는 용어를 사용하고 있다.

범죄율의 구체적인 형태는 단순히 범죄 건수를 인구수로 나눈 상대빈도보단 특정 상수를 곱한 것으로 나타난다. 범죄는 인구에 비해 드물게 일어나는 현상이므로 10만 혹은 1천과 같이 큰 상수를 곱하여 제시한다.

공식범죄율의 기록 과정은 다음과 같다. 범죄율을 측정하려면 수사기관이 처리한 범죄사건을 지역별로 정확하게 기록해야 한다. 우선, 피해자가 범죄피해를 인식하고, 이를 피해자가 신고하거나 주변 사람이 신고하는 것이다. 또는 수사기관이 사건에 개입하여 직접 인지해야 한다. 이에 따라 수사기관은 접수한 사건을 입건하고, 수사를 진행할 것이다. 그리고 이러한 사건을 수사관이 범죄통계를 발생지역별로 집계해야 한다. 만약 범죄사건이 집계하는 과정까지 진행되지 못한다면, 범죄통계로 기록되지 못하는 것이다.

탁종연 범죄학 박사의 〈공식통계를 이용한 지역별 범죄율 비교의 문제점〉이라는 논문에 따르면 공식범죄율의 분모로 사용되는 주민등록 인구수가 해당 지역에서 실제로 활동하는 사람들의 수를 정확히 나타낸다고 보기 힘들다는 것이다. 지방 출신으로서 서울 노량진에서 공부하는 수험생들 상당수는 주민등록을 본가에 남겨 두는데, 이들은 주민등록상 서울 인구에 빠져 있고, 같은 지역 내에서도 시군구 단위로 옮겨 다니며 생활하는 이들이 많은 것을 감안해 보면 시군구 단위에서도 주민등록상 인구와 실제 인구는 매우 차이가 클 것으로 유추할 수 있는 것이다. 또 다른 점에서는 관광지의 일시적 방문객이 몰리는 장소의 경우에도 범죄율이 과대평가될 수 있다. 탁종연 박사는 이러한 점에서 공식범죄율을 통해 각 지역별 범죄율을 비교하여 순위를 매기는 것은 적절하지 못하다고 하였다.

한편 우리 사회에서 일어나는 범죄들이 전부 공식범죄율에 포함되지 않는다. 예컨대, 범죄의 구성요건을 충족하지만 해당 범죄가 수사기관에 보고되지 않거나, 수사기관에서 인지하였어도 용의자 신원 미파악 등 해결되지 않은 요소들로 공식적 범죄통계에 집계되지 않은 범죄를 '암수범죄(Hidden crime)'라고 한다. 암수범죄가 문제 되는 영역은 마약류 범죄와 성범죄인데, 마약범죄는 범죄자가 피해자이면서 가해자이기도 하고, 성범죄는 피해자가 수사기관에 신고를 꺼려 하기 때문이다.

박성수, 백민석 연구원의 〈마약류 범죄의 암수율 측정에 관한 질적 연구〉에 따르면, 마약류 범죄의 암수율을 산정하기 위해 전문가 및 마약범죄자에 대한 광범위한 설문조사를 실시하였고, 그 결과 한국 내 마약류 범죄의 암수율이 28.57배로 예측되었다 이는 기존 대검찰청을 중심으로 한 마약류 범죄의 암수율을 약 10배로 간주하였던 것보다 거의 3배 많은 수치로 나타난 것이다.

범죄통계는 경찰과 검찰에 의한 단순 적발 건수 위주로 통계를 내는 것에서 여러 한계점을 갖고 있다. 마약 및 조직범죄 수사는 어려운 영역의 수사이고, 수사기관의 구성과 국가기관의 유기적인 협력을 통해 이루어진다. 적발 건수가 곧 실적으로 반영되기에 구성원 간의 정보와 경험의 교류가 미흡할 수 있다.

사실 모든 유형의 중독이 범죄와 관련 있는 것은 아니지만, 범죄와 연관성이 높은 특정 중독들이 있다. 이를테면 마약류와 도박이다. 우리 사회는 이러한 중독들에 대하여 '범법자' 또는 '부도덕' 등의 부정적인 인식을 갖고 있는데, 만약 이와 관련된 사람들이 스스로 기관에 자백한다면, 주변의 시선은 물론이고 가족과 친구들의 실망감, 직장에서의 부정적 영향, 법적 문제, 자책감 등의 문제들을 맞이하게 될 것이다. 결국, 이와 같은 이유로 신고하지 않아 암수율이 높아져 가는 것이다.

8.
차가운 시선

중독을 바라보는 관점과 태도는 다양하다.

예컨대 부정적인 시각이라던가, 이해와 동정이 필요한 것으로 바라보기도 하며, 문화적인 영향에 의한 것으로 바라보기도 한다. 하지만 대다수의 사람들은 중독에 대해 부정적인 시각을 갖는다.

중독이라는 단어와 함께 연상되는 것은 알코올에 취해 폭력성을 보인다거나, 길거리 특히 공공장소에서 담배를 아무렇게나 피고 꽁초를 바닥에 버리는 모습, 클럽에서 마약류를 취하는 행위 등을 떠올릴 것이다. 이러한 생각들은 중독에 대한 낙인과 편견으로 볼 수 있겠다.

낙인은 원래 쇠붙이를 불에 달구어 찍는 도장을 의미한다. 가축 따위가 자신의 소유임을 다른 사람들이 쉽게 알도록 하기 위해 사용되었다. 조선시대에도 양반이 노비에 대하여 자신의 소유를 표시하기 위해 몸에 낙인을 새기기도 하였으며, 범죄를 저지른 이들에 대해서도 낙인을 찍었다. 이러한 부정적으로 찍힌 낙인으로 인해 변화된 삶을 살려고 해도 그렇지 못하는 현상을 '스티그마 효과(Stigma effect)'라고 한다. 이는 미국의 사회학자 하워드 베커(Howard S. Becker)가 제창한 '낙인 이론(Labelling theory)'에서 나온 용어이다. 낙인이란 특정 속성에 낙인을 찍고 오명을 씌워 경멸의 태도를 보이는 것이며, 특정 속성에 적합한 '명칭'을 붙여 주어 특성을 집합적으로 설명하는 것을 의미한다.

사회적 낙인에 관한 이야기가 있다.

캘리포니아대학교 샌프란시스코 캠퍼스의 정신의학과 스티븐 힌쇼(Stephen P. Hinshaw) 교수는 자신의 회고록 《낙인이라는 광기(Another Kind of Madness)》를 통해 사회적 낙인에 관하여 사회에 메시지를 던졌다. 그는 어린 시절 양극성장애를 앓고 있던 아버지 밑에서 자랐으며, 자녀들에게 불같이 화를 냈다가 몇 주, 몇 달간 자취를 감춘 아버지의 모습에 상처를 받았다. 그가 대학에 간 이후에야 아버지는 자신이 '양극성장애'라는 정신질환을 앓고 있었음을 털어놓았다. 그는 아버지가 유전과 학대의 복합적 요인에 의해 질환이 더욱 심해졌을 것으로 분석하였고, 부모가 어린 자녀에게 이를 공개하지 못한 것은 '사회적 낙인' 때문이었다는 것을 깨달았다. 스티븐 힌쇼 교수는 정신질환자를 대상으로 낙인을 찍는 행위를 중단해야 하며, 이들이 제대로 치료를 받을 수 있도록 여건을 만들어 주어야 한다고 하였다. 이들이 만성화 단계에 이르러서야 외부에 도움을 요청하는 것은 정신적 문제 전반을 수치스럽게 여기고 외면하려 들기 때문이라는 것이다.

중독도 마찬가지이다. 중독을 수치스럽게 여기기에 중독자와 그 가족들까지 치료를 받을 수 있는 최적의 시기를 놓치게 된다.

한국정신건강사회복지학회에 실린 〈알코올중독자가 지각하고 있는 낙인과 사회적 지지가 도움요청태도에 미치는 영향〉에 따르면 서울, 경기 지역의 대학병원, 정신과 의원 등에 입원하고 있는 알코올중독자 172명을 대상으로 연구를 실시하였는데, 대부분의 알코올중독자들이 이미 만성화 단계에 들어서야 치료를 시작한다는 것이다. 만성화 된 상태에서 치료를 시작하기 때문에 경제적 활동이나 가정 활동 또는 독립적 생활을 하는 모든 부분의 사회적 증진 기능에서 현실적인 어려움을 겪을 수 있다.

중독으로 인한 개인적, 사회적 손실이 심각함에도 불구하고 우리 사회는 중독에 대한 사회적 편견과 낙인이 상대적으로 크기 때문에 치료 접근성이 낮게 나타나고 있다.

우리 사회가 중독자에 대하여 낙인을 찍는 탓에 중독자와 그들 가족이 치료를 받을 수 있는 기회가 줄어들고 있다. 국가 차원에서 개인을 돕기 위해 아무리 지역별로 중독센터가 있더라도 이들은 자신뿐만 아니라 가족들까지 낙인찍힐 것을 두려워하여 치료 시기를 놓치게 된다.

그렇다면 사회적 낙인과 관계없이 이들이 적절한 치료만을 받으면 되는 것일까? 그렇지 않다.

미국의 상담학 박사 브라운(Duane Brown)은 정신질환자가 속한 사회, 집단이 이들에 대하여 적대적이고 부정적 감정을 그대로 표현한다면, 치료를 받았다 하더라도 퇴원 후 예후가 나쁠 것으로 보았다.

이렇듯 중독과 낙인에 대해 살펴보았다. 낙인에 의해 중독에 빠진 이들에 대하여 부정적 인식이 지속되고 있고, 중독자와 그의 가족들은 치료 시기를 놓칠 뿐만 아니라 치료를 받게 되더라도 예후가 좋지 않은 안타까운 현실이다. 인프라가 잘되어 있어도 우리의 인식이 변화되지 않는다면 스티그마 효과에 따른 개인과 사회적 손실은 계속 일어날 것이다. 뉴스를 통해 전해지는 소식들은 단편적인 소식임을 인지하였으면 좋겠다. 일어난 사건에 대하여 속속들이 파악되기 전까지 어떠한 편견을 갖지 않고 중립적인 자세를 취하여야 한다.

"우리는 중독을 어떻게 바라보아야 할 것인가."

9. 중독과 자살

물질남용을 비롯한 행동중독들이 우울증의 심각성과 지속 기간을 높이고, 일시적 쾌락에 따른 고통의 감소에도 불구하고 이들은 극단적인 선택을 하게 된다. 인간관계를 비롯해 개인의 부정적 정서와 자아존중감의 하락은 개인으로 하여금 자기비난과 자책감, 인생에 대한 허무감으로 다가오게 된다. 그리고 약물의 사용은 정신건강장애를 악화시킬 수 있는 의존성의 장기적인 영향에도 기인하기에 약물의 사용이 판단력과 억제를 감소시켜 자살 위험을 증가시킨다.

특히 주요우울장애는 자살 생각을 자주 할 정도로 매우 심각한 정신질환 중 하나인데, 중독으로 인해 우울증이 생기게 되면 자살에 대해 자주 생각하거나 자살 시도를 할 것이며 심각한 경우 죽음을 초래할 수 있다.

일산백병원 정신건강의학과 이강준 교수에 따르면 물질남용과 자살 위험성은 함께 존재하며 아편, 정맥 약물, 복합 약물을 사용한 사람과 약물을 사용하지 않는 사람을 비교하였을 때 자살 위험률이 14배 늘어나는 것으로 나타났다.

약물중독에 영향을 미치는 심리적 요인에서 정신과적 증상 중 특히 우울이 많은 영향을 미치기도 한다. 일상생활에서 소외되고 정서적 지지를 받지 못해 우울을 경험하게 되고 이를 해소하기 위한 수단으로 약물을 사용하게 되면서 이에 의존할 가능성이 높아져 가는 것이다.

한국중독재활복지학회에 보고된 〈약물중독과 자살에 영향을 미치는 요인에 대한 연구〉에 따르면, 약물을 남용하는 이들 중 상당수가 불안장애, 우울, 공황장애 발병률을 나타낸다고 보고되었다. 그리고 약물중독의 사회환경적 요인으로는 주변인들의 태도와 경제 상태로 나타났으며, 주변 사람들이 약물을 사용하였거나 권유를 한다던가, 본인의 경제적 수준이 낮을수록 약물중독의 가능성이 높은 것으로 분석되었다.

약물에 중독된 자신의 모습을 주변에서는 좋은 시선으로 바라보지 않는다. 주변 사람들과 사회적 관계 형성에 갈등을 빚고 주변으로부터 신뢰감을 잃은 데서 점차 사회적 고립 상태에 놓이게 된다. 이러한 개인은 정서 상태가 좋을 수 없다. 삶의 의미를 잃어버리게 되면서 자살 생각까지 하는 극단적인 상황으로 치닫게 될 수도 있다.

중독이 심리에 악영향을 끼쳐 자살로 이어지는 과정은 도박중독도 이와 같다. 송혜림, 이경진, 한수정의 〈도박중독자의 자살사고에 관한 사례연구〉에 따르면, 도박중독에 의해 재정 악화, 가족 간의 신뢰가 붕괴되고, 주변 사람들과의 갈등이 생기게 되는데 이러한 일들을 맞이함으로써 심리적으로는 두려움과 죄책감 등의 부정적인 정서를 느끼는 것이다. 부정적 정서는 자살 생각에 영향을 미치게 된다.

　다시 말해 중독자들의 자살은 중독이 원인이 아닌, 중독자들의 우울, 불안, 스트레스와 같은 그들의 심리가 자살 사고를 야기하는 것이다. 즉, 중독과 자살은 인과관계가 아닌 상관관계로 성립된다.

　중독자들도 처음에는 부정적 정서를 줄이기 위한 시도로 물질이나 어떠한 특정 행위를 경험하지만, 일시적으로 쾌락을 느끼기도 하며 부정적인 정서로부터 잠시 벗어나는 듯하지만 결국, 중독에 의해 삶은 망가져 버리고 그로 인해 우울감, 죄책감 등의 부정적 정서에 깊이 빠져들어 버리는 것이다. 가족들과 주변 사람들로부터 신뢰감을 잃고 소외감을 느끼다 보면 어느 순간 자신의 삶에 대한 회의감을 느끼고 자신에 대한 무가치감을 느끼게 되며 결국 삶을 포기하려는 생각을 하게 된다. 이러한 생각들은 자살에 대한 충동성을 갖도록 하며 자살 행동으로 이어질 수 있다.

"어떻게 하면 중독자들의 삶을 다시 회복시킬 수 있을 것인가?"

10. 자기이해 그리고 사랑

　중독자들의 치료 방법은 각 중독증상에 맞는 약물치료와 더불어 상담치료가 병행된다. 앞선 챕터에서 중독에 의해 삶이 망가진 것에서 무너진 자존감과 더불어 우울감으로 인해 자살로 이어질 수 있음을 이야기하였다. 중독이 꼭 자살로 이어지는 것은 아니지만, 우울감에 의한 매개 효과로 자살로 이어질 수 있기에 사회적으로 힘써 다뤄야 할 문제라 생각한다. 중독환자들은 저하된 자기조절력과 끊임없는 갈망, 충동에 의해 계속적으로 중독에서 헤어 나오지 못한다. 특히, 이들이 다시 새로운 삶을 살아 내고자 중독을 끊기 위한 온갖 노력을 다함에도 불구하고 끊어 내지 못하는 자신을 바라볼 때 어떠한 마음이 찾아올까?

　아마도 자신을 비롯한 주변인들과의 약속을 이행하지 못한 자신에 대하여 죄책감을 느낄 것이고 더는 자신을 믿지 못할 것이다. 이러한 상태는 자신에 대한 불확신과 더불어 자신을 사랑하지 못하는 데서 자기파괴적인 행동으로 이어질 수 있다. 일반적으로 마약류중독자들의 경우 낮은 자존심, 우울, 불안, 공포, 만성적 분노, 정서적 및 성격적 문제를 갖고 있어 치료에 많은 어려움을 나타내고 있다.

전 한국중독상담학회 회장 박상규 심리학자에 따르면, 중독자가 자기 자신을 올바로 이해하고 사랑함으로써 중독을 끊고 새롭게 태어날 수 있다는 것이다.

"단연코 나는 나를 잘 안다."라고 말하면서 중독 행위를 호기심에 시작하였다가, 완전히 중독되어 헤어 나오지 못하는 이들도 있다. 이렇듯 자신 있게 자신을 100% 안다고 호언장담할 수 없다(물론 중독에 취약하지 않은 사람들이 있기도 하다).

자신에 대한 이해가 부족하게 되면 환경이나 외부 자극에 쉽게 끌려다니게 되며 다른 사람이 살아가는 방식대로 살아가고 주체성이나 일관성이 없게 된다. 자기를 이해하지 못하면 자기존중감이 생겨나지 않고 대인관계에서도 신뢰감이 없어지게 된다. 자기를 올바르게 이해하기 위해서는 자신의 욕구나 경험에 대해서 부끄러워하거나 죄의식을 갖지 말고 개방적이며 수용적인 태도를 가져야 한다. 자신의 신체와 마음을 모두 볼 줄 알아야 하며, 자신이 진정 원하는 것이 무엇인지 알아보는 것, 자기가 살아야 할 삶의 의미가 무엇인지를 알아보는 것이 중요하다.

자기이해에 대한 개념은 인간의 삶에 있어 매우 중요한 부분으로 자리 잡는다. 인간은 생각하고 경험하는 과정을 통해 자신에 대한 의미를 스스로 내재화할 수 있다. 사회적 상호작용을 통해 자신과 타인을 관찰하고 비교해 가면서 자신에 대한 의미를 재구성해 나갈 수 있으며, 자신에게 영향을 미치는 환경적 요인과 대인관계, 사회적 역할 기대, 자신이 추구하는 가치관을 구분하여 인지하는 것이 진정한 자기이해라고 할 수 있다. 여기서 말하는 '자기'란 우리가 피상적으로 생각하는 자기보다는 한층 깊이 있고 소중한 존재이다.

이러한 자기이해는 개인의 삶의 목적을 설정하는 데 도움을 주며 그 목적을 달성하는 것을 더 수월하게 해 줌으로써 행복한 삶을 영위할 수 있도록 한다. 자신의 강점과 약점은 무엇인지 미처 발견하지 못했던 자신의 재능과 특성을 파악하는 것이다. 자기 생각과 행동이 미래에 어떠한 결과를 초래할 수 있는가를 생각하여 바람직한 삶의 방향성을 제시하는 하나의 나침반으로서의 역할을 하며, 개인의 발전과 자기성장을 가능하게 한다.

자기를 이해하였다면 자신을 있는 그대로 수용하고 인정할 수 있으며 이것을 다른 사람에게 내보일 수 있어야 한다. 신체 또는 욕구, 특성, 상처, 삶의 의미 등을 그대로 이해한 다음 있는 그대로 받아들이고 이것을 집단 구성원을 통해 노출하게 되면 타인이 좀 더 나를 이해하고 관심과 애정을 갖게 된다. 이를 통해 자신도 스스로를 좀 더 명확히 이해하게 되고 사랑하게 된다.

자신을 사랑하기 위한 필요 요소로는 '자기를 긍정적으로 보는 것', '자신의 욕구를 알고 만족시키는 것', '자신과 타인의 잘못을 용서하는 것', '자신의 몸을 돌보는 것' 등이 있다.

아마 자기를 이해하고 사랑하여야 한다는 것은 익히 알고 있을 것이다. 그러나 막상 삶 속에서 실천하려고 하면 어색하게 느껴지기에 어느 순간 자신을 뒷전으로 미루기도 한다. 그래도 계속 한 걸음 나아가다 보면, 그렇게 자신에 대한 이해를 바탕으로 자신을 사랑할 수 있게 된다면, 삶에서 채워지지 않던 부분들이 더 이상 공허함으로 남지 않으리라 생각한다.

"자신을 진정으로 이해하고 사랑하길 간절히 기도해 본다."

11. 자조집단의 12단계 실천 원리

중독에 모인 사람들이 중독을 회복하기 위해 자발적인 비전문적 활동을 가지는 모임을 자조집단(Self-help Grouups)이라 한다. 자조집단은 집단의 지도자를 필수적인 것으로 보지 않으나, 대체로 지도자를 가지고 있다. 전문적 관계에서 잘 표출되지 않는 욕구를 충족시킬 수 있으며, 이는 자발적인 비전문적 활동의 이점이라 볼 수 있겠다. 각각의 개인이 문제를 직접 경험한 전문가로서 중독 문제를 효과적으로 조절하기 위해 서로 의견을 나누며 함께 노력하는 모임이다. 서로가 서로에게 용기와 희망을 주어 회복으로 이끌 수 있다.

자조집단의 개념은 학자마다 다음과 같이 다양하게 정의하고 있다.

미국 캘리포니아대학교 로스앤젤레스 캠퍼스의 사회복지학 명예교수 알프레드 카츠(Katz A. H.)는 자조집단을 개인의 생활에 장애를 가져오는 문제를 극복하고 일상적인 욕구의 충족을 위하여 함께 모여 상호지원을 도모하고, 더 나아가 사회적으로나 개인적으로 긍정적인 변화를 가져오는 것을 의미한다고 하였다.

미국의 사회심리학자 찰스 자스트로(Charles Zastrow)는 자조집단을 공통의 조건과 경험 그리고 문제적 상황을 나누는 사람들로 구성하여 공통 요인과 관련된 적응 능력을 향상시키기 위해 상호원조하는 집단이라고 하였다. 이로써 전문가보다는 구성원의 경험을 존중하고 자치적이며, 정규 회합 이외에 전화 또는 대면 접촉을 통한 효과적인 관계망을 가진다고 정의했다.

알코올 문제로 이를 해결하려는 자조집단을 'AA(Alcoholic Anonymous: 익명의 알코올중독자들)'이라 한다. 물질남용의 문제로 이를 해결하려는 자조집단을 'NA(Narcotics Anonymous: 익명의 마약중독자들)'이라 하며, 도박과 같은 행동중독의 문제로 이를 해결하려는 자조집단은 'GA(Gamblers Anonymous: 단도박 모임)'라 한다.

자조집단은 각각 문제의 형태에 따라 위와 같이 다르게 불리며, 1935년 미국에서 처음 시작되었던 익명의 알코올중독자들이 오늘날까지 지속적으로 활동하면서 다양한 질환의 자조집단으로 확대하고 발전한 것이다.

한편, 우리나라의 AA는 아일랜드계 신부에 의해 1983년 한 성당에서 시작되었으며, NA의 경우, 비공식적으로 이루어졌으나 2004년에 이르러 공식적으로 출범하였다. 이러한 자조집단은 공개 또는 비공개로 모임이 진행되고 있다.

자조집단이 중독 근절에 있어 효과적임에도 불구하고, 중독환자들은 자신의 결점(중독)에 대하여 수치심을 느껴 드러내는 것을 주저하고, 숨기려 한다. 집단에 거짓말을 하여 외면받는 사이클에 빠져 버린다. 미국 스탠퍼드대학교의 정신의학 교수 애나 렘키(Anna Lembke)는 수치심과 거짓으로 인해 부정적 결과로 이어지는 것을 파괴적 수치심이라 하였고, 이를 해결할 방법은 '친사회적 수치심'에 있다고 하였다. 친사회적 수치심은 수치심에 대하여 공동체 번영에 유익하고, 긍정적인 것으로 생각하는 것이다. 이는 자기 자신과 외부에 솔직하게 드러냄으로써 주변 사람들과의 수용과 공감을 낳고, 우대감을 느끼게 한다.

인간은 완전한 존재가 아니며, 누구나 실수할 수 있고, 결점을 가졌으며, 우리는 용서할 수도, 용서를 받을 수도 있는 존재라는 것을 알아야 한다. 자조집단에서 친사회적 수치심을 통하여 회복의 길로 나아갈 수 있다.

마지막으로 AA, NA, GA 등의 자조집단에서 개인의 회복을 위한 실천 원리로 12단계 모델이 있으며, 이를 소개하겠다. 만약 여러분들 중 중독에서 벗어나기 위한 시도와 노력 중에 있다면 실천 원리를 매일매일 가슴에 새기며 삶에 적용하기를 바란다.

회복을 위한 12단계 실천 원리

1. 우리는 알코올/약물/도박에 무력했으며 스스로 생활을 처리할 수 없게 되었다는 것을 깨닫고 시인한다.

2. 우리보다 위대하신 힘이 우리를 건전한 본정신으로 돌아오게 해 주실 수 있다는 것을 믿는다.

3. 우리가 이해하게 된 대로 그 신의 보살핌에 우리의 의지와 생명을 완전히 맡기기로 결정한다.

4. 철저하고 두려움 없이 우리의 도덕적 생활을 검토한다.

5. 솔직하고 정확하게 우리가 잘못했던 점을 신과 우리 자신에게 그리고 어느 한 사람에게 시인한다.

6. 신께서 우리의 이러한 모든 성격상 약점을 제거해 주시도록 우리는 준비를 완전히 한다.

7. 겸손한 마음으로 신께서 우리의 약점을 없애 주시기를 간청한다.

8. 해를 끼친 모든 사람의 명단을 만들어서 그들에게 기꺼이 보상할 용의를 갖는다.

9. 어느 누구에게도 해가 되지 않는 한, 할 수 있는 데까지 어디서나 그들에게 직접 보상한다.

10. 계속해서 자신을 반성하여 잘못이 있을 때마다 즉시 시인한다.

11. 기도와 명상을 통해서 우리가 이해하게 된 대로의 신과 의식적인 접촉을 증진하려고 노력한다. 그리고 우리를 위한 그의 뜻만 알도록 해 주시며 그것을 이행할 수 있는 힘을 주시도록 간청한다.

12. 이러한 단계로 생활해 본 결과 우리는 영적으로 각성하고, 알코올/약물/도박 중독자들에게 이 메시지를 전하려고 노력하며, 우리 생활의 모든 면에서도 이러한 원칙을 실천하려고 한다.

12. 약물중독의 효과적 치료 원칙

미국의 국립약물남용연구소(NIDA: National Institute on Drug Abuse)는 약물 사용과 탐닉에 대한 과학적 연구를 지원하는 주요 연방기관이다.

NIDA에 따르면 중독의 효과적인 치료 원칙은 다음과 같다.

1. 중독은 복잡하나 치료 가능한 질병으로 뇌 기능과 행동에 영향을 미친다.

   약물남용은 뇌의 구조와 기능을 변화시켜 약물 사용이 중단된 후에도 오랫동안 지속되는 변화를 초래한다. 이는 약물남용자들이 잠재적으로 파괴적인 결과에도 불구하고 장기간 금욕을 한 후에도 재발할 위험이 있는 이유이기도 하다.

2. 한 가지 치료 방법으로 모든 사람에게 적용할 수 없다.

   치료는 약물의 종류, 환자의 특성에 따라 다르게 적용된다. 치료 설정부터 개입과 서비스가 개인의 특정 문제, 요구와 일치함으로써 치료를 효과적으로 받는다면, 치료 종결 이후 개인은 가정, 직장, 사회로 다시 들어가 생산적인 일을 할 수 있다.

3. 치료를 쉽게 받을 수 있어야 한다.

약물에 중독된 이들이 치료받는 것을 결정하기까지 여러 고민을 한다. 치료를 결정한다는 것은 자신을 중독자로 인정하는 것이기도 하며, 중독치료를 받는 것을 주변에서 알게 되었을 때에 오는 비관적 시선들을 무릅쓰는 것이다. 그렇기에 즉각적인 치료 개입이 이루어지지 않는다면, 치료 결정을 번복하거나 포기할 수도 있다. 또한 다른 만성질환과 마찬가지로 조기에 치료를 제공받을수록 중독치료에 있어 긍정적인 결과가 나올 가능성이 높아진다.

4. 중독치료에 있어 적절한 기간 동안 치료를 받는 것이 매우 중요하다.

치료 기간은 환자의 문제와 상태에 따라 달라진다. 대부분의 환자들은 약물 사용을 현저하게 줄이거나 중단하기 위해 최소 3개월의 치료 기간이 필요하며, 치료 기간이 늘어날수록 효과는 증가한다. 약물중독치료는 장기적으로 봐야 한다. 다른 만성질환과 마찬가지로 약물남용에 대한 재발이 발생할 수 있으며, 치료를 다시 시작하거나 치료 조정이 필요할 수 있다. 이들을 치료 프로그램에 참여하도록 격려하고 유지시켜야 한다.

5. 행동 치료법은 가장 일반적으로 사용되는 중독 치료법 중 하나이다.

행동 치료법은 심리적인 문제에 영향을 미치는 행동과 인지를 수정하는 치료이다. 바람직한 행동에 대해서는 강화물을 제공하여 행동을 증가시키는 정적 강화를 제시한다. 가령, 중독을 금욕하였을 때, 인센티브를 제공하는 것이다. 또한 약물 사용 대신 건설적이고 보람 있는 활동으로 대체하며, 문제해결 기술 및 대인관계를 개선하는 것을 포함한다.

6. 약물치료는 심리치료와 함께 받는 것이 좋다.

   메타돈, 부프레노르핀 및 날트렉손(아편이 주는 주관적 쾌감을 감소시키는 약물)은 헤로인 또는 기타 오피오이드에 중독된 개인의 생활에 안정을 가져다주며, 불법 약물 사용을 줄이는 데 효과적이다. 아캄프로세이트, 디설피람 및 날트렉손은 알코올의존증 치료로 승인된 약물이며, 니코틴중독의 경우 패치, 껌, 비강 스프레이 등으로 니코틴을 대체시키거나 경구약물(부프로피온, 바레니클린)을 사용하는 것이 효과적이다. 이러한 약물치료들이 행동치료 프로그램과 함께 이루어진다면 중독이 효과적으로 치료될 것이다.

   또한 약물에 중독된 많은 이들이 다른 정신질환을 동반할 수 있기에 이를 진단하여 적절한 치료를 받아야 한다.

7. 개인의 치료 및 서비스 계획은 변화하는 요구를 충족하는지 확인하기 의해 지속적으로 평가하고 필요에 따라 수정되어야 한다. 환자는 치료 및 회복 과정에서 다양한 치료와 서비스를 필요로 할 수 있다. 예컨대 상담 또는 심리치료 외에도 환자는 약물, 의료서비스, 가족치료, 양육 교육, 직업 재활 또는 사회 및 법률서

비스를 필요로 하겠다. 많은 환자에게 지속적인 치료 접근 방식은 최상의 결과를 제공하며, 치료 강도는 개인의 변화하는 요구에 따라 다르다.

8. 마약류 해독제만으로는 완전한 치료가 이루어질 수 없다.
해독제는 중독치료의 첫 단계일 뿐이며, 약물중독으로 인해 급성 신체적, 심리적 증상으로부터 벗어나게 해 주지만 이것만으로는 장기적인 약물남용을 변화시키는 것을 기대하기란 어렵다. 따라서 이들이 해독 후에도 약물치료를 계속하도록 권장되어야 한다.

9. 중독자의 HIV/AIDS, B 및 C형 간염, 결핵 및 기타 전염병의 존재 여부를 파악함으로써 감염 확산을 방지한다.
마약류 주사제를 투여할 시 주사기를 공유하거나 재사용하였을 때 혈액을 통해 감염될 수 있다.
분당 서울대병원 최광현 교수 또한 감염된 마약류 중독자들의 치료를 통해 감염 확산을 막을 수 있다고 하였다. 특히, 마약류중독자들의 C형 간염의 발병률이 높으며, 주사를 이용한 마약류중독자에게서 C형 간염 발병률이 높은 것으로 나타나고 있다는 것이다. 또한 이들의 항바이러스 치료를 통해 C형 간염 전파 확산을 막을 수 있는 좋은 해결책이 될 것이며, 이는 초기 HIV 치료 방식에서 유래한 방법으로 감염자들을 치료함으로써 감염 확산을 막는 것이다. 중독자들을 대상으로 조기 진단 및 치료를 진행하면 이로 인한 사망률 감소와 신규 감염 차단을 이룰 수 있다.

이렇듯 중독의 효과적 치료 원칙에 대해 알아보았다. 중독은 단기간에 치료되지 않으며, 개인적 특성에 따라 치료법도 다르다. 또한 치료가 쉽지 않은 것은 맞으나 그렇다고 치료가 아예 불가능한 것도 아니다. 어떠한 시각으로 이들을 바라보느냐가 먼저이다. 이와 더불어 이들이 중독으로부터 탈피하기를 결정하는 순간 그 즉시 치료가 이루어져야 한다. 치료 시기가 빠르면 빠를수록 치료 효과와 예후가 긍정적일 것이다.

지금부터 다양한 형태의 중독들이 소개될 것이며, 평소 여러분이 궁금했거나 알고 싶었던 중독을 찾아 읽으면 된다.

2장 물질중독

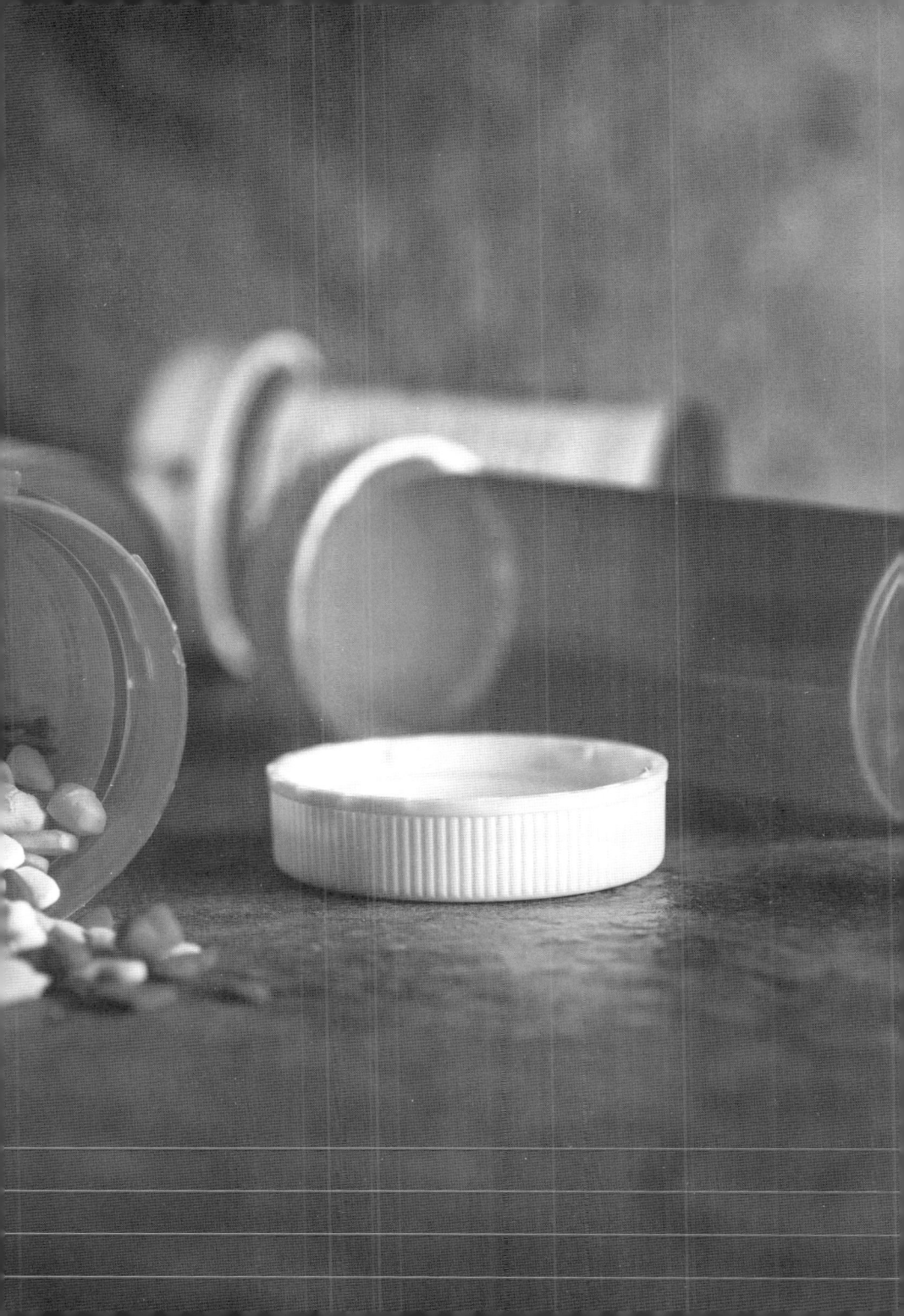

날 취하게 하는 데는 딱, 한 잔이면 족하다.
문제는 이게 몇 잔째인지 기억이 나지 않는다는 것이다.

- 조지 번스(George Burns)

1. 물질중독이란

 미국정신의학회에서 발간한 《DSM-5-TR 정신질환의 진단 및 통계 편람》에서는 물질 관련 장애(마약류, 알코올, 니코틴 등)들을 상위 개념으로 지칭하였고, 하위에는 '물질사용장애' '물질로 유발된 장애(중독, 금단 등)'로 분류하였다(물질로 유발된 장애에 기타 물질, 치료 약물로 유발된 정신질환(우울장애)이 포함되나 이 책에서는 다루지 않는다).

 일반인들은 이러한 분류에 대하여 다소 이해하기 어려울 수 있다. 알코올로 예를 들면, 알코올 관련 장애를 상위로 분류하며, 알코올 관련 장애에는 '알코올사용장애', '알코올로 유발된 장애(알코올중독, 알코올금단, 알코올로 유발된 정신질환)'가 하위로 포함된다.

 물질 관련 장애는 '물질사용장애'와 '물질로 유발된 장애'로 구분된다.

1) 물질사용장애

 물질사용장애란 물질과 관련한 문제들이 있음에도 불구하고 지속적으로 이를 사용하고 있음을 나타내는 인지적, 행동적, 생리적 증상군을 말한다. 또한 뇌 회로의 기저 변화를 주요 특징으로 꼽고 있다. 심한 장애를 갖는 경우 해독을 하여도 지속된다. 뇌 회로의 변화에 따라 재발이 반복되고, 약물 자극에 노출되었을 때 사용하고 싶은 갈망감을 갖는다.

- 물질사용장애 진단은 **카페인을 제외**한 2장에서 소개될 모든 물질에 적용된다.
- 어떤 물질의 경우 일부 증상이 비교적 덜 현저하고, 어떤 물질은 모든 증상이 적용되지 않기도 한다. 예를 들어, 펜시클리딘 그리고 기타 환각제, 흡입제는 11번 금단증상을 명시하지 않는다.
- 물질사용장애의 진단기준을 조직적으로 묶으면, 조절 능력 손상, 사회적 손상, 위험한 물질 사용, 약물학적 진단기준으로 나눌 수 있다.

진단기준 1~4번은 조절 능력 손상을 나타내며, 5~7번은 사회적 손상, 8~9번은 위험한 물질 사용, 10~11번은 약물학적 진단기준(내성, 금단)을 나타낸다.
이를 진단기준으로 보면 다음과 같다.

물질사용장애 진단기준

임상적으로 현저한 손상 또는 고통을 초래하는 문제적 '물질' 사용 양상이 지난 12개월 사이에 다음의 항목 중 최소한 2개 이상으로 나타난다.

1. '물질'을 종종 의도했던 것보다 많은 양을 사용하거나 오랜 기간 사용한다.
2. '물질' 사용을 줄이거나 조절하려는 지속적인 욕구가 있다. 또는 '물질' 사용을 줄이거나 조절하려고 노력했지만 실패한 경험들이 있다.
3. '물질'을 구하거나, 사용하거나, 그 효과에서 벗어나기 위한 활동에 많은 시간을 보낸다.
4. '물질'에 대해 갈망하거나, 강하게 바라거나, 욕구가 있다.
5. '물질' 사용을 반복적으로 하여 직장, 학교, 가정에서의 주요한 역할 책임 수행에 실패한다.
6. '물질'의 영향으로 지속적으로 또는 반복적으로 사회적 또는 대인관계 문제가 발생하거나 악화됨에도 불구하고 물질 사용을 지속한다.
7. '물질' 사용으로 인해 중요한 사회적, 직업적 혹은 여가 활동을 포기하거나 줄인다.
8. 신체적으로 해가 되는 상황에서도 반복적으로 '물질'을 사용한다.
9. '물질' 사용으로 인해 지속적으로, 또는 반복적으로 신체적, 심리적 문제가 유발되거나 악화될 가능성이 높다는 것을 알면서도 계속 '물질'을 사용한다.
10. 내성은 다음 중 하나로 정의된다.
    (1) 중독이나 원하는 효과를 얻기 위해 '물질' 사용량의 뚜렷한 증가가 필요하다.

(2) 동일한 용량의 '물질'을 계속 사용할 경우 현저히 감소한다.
11. 금단은 다음 중 하나로 나타난다.
    (1) '물질'의 특징적인 금단증후군
    (2) 금단증상을 완화하거나 피하기 위해 '물질'(혹은 비슷한 관련 물질)을 사용한다.

다음의 증상들을 최소 3개월 이상 최대 12개월 이내의 기간 동안 4번을 제외한 다른 진단기준에 맞는 항목이 전혀 없는 경우 진단할 수 있다.

2) 물질로 유발된 장애

물질로 유발된 장애에는 중독, 금단 등이 있으며, 이해를 돕기 위해 물질중독 진단기준 및 금단 진단기준으로 보고자 한다.

물질중독 진단기준

1. 최근 물질 섭취가 있다.
2. 물질을 섭취하는 동안, 또는 그 직후에 임상적으로 심각한 문제적 행동 변화 및 심리적 변화가 발생한다.
3. 물질을 사용하는 동안 또는 그 직후에 다음 징후 혹은 증상 중 한 가지(혹은 그 이상)가 나타난다.
    (1) 불분명한 언어
    (2) 운동실조
    (3) 불안정한 보행

(4) 간구진탕

　　(5) 집중력 또는 기억력 손상

　　(6) 혼미 또는 혼수

　※ (˚)~(6)의 증상의 경우, 이해를 돕기 위해 알코올중독의 증상으로 예시를 들은 것이다.

4. 이러한 징후 또는 증상은 다른 의학적 상태로 인한 것이 아니며, 다른 물질중독을 포함한 다른 정신질환으로 더 잘 설명되지 않는다.

　진단기준 1번을 살펴보면 물질중독은 최근 물질 섭취로 인한 심각한 문제적 행동 및 심리적 변화들을 말한다. 가령, 알코올 섭취에 따른 부적절한 성적 드는 공격적 행동과 기분 가변성이다. 이러한 모습들은 물질이 우리 돔의 중추신경계에 작용한 생리적 효과로 인한 것으로 물질을 사용하는 동안 또는 직후에 일어나며, 이는 진단기준 2번을 통해 알 수 있다.

　물질중독은 물질사용장애를 겪는 이들에게서 흔하게 나타나지만, 물질사용장애가 없어도 종종 발생할 수 있다. 하지만 니코틴 관련 장애는 이에 해당하지 않는다.

　중독에서 보이는 가장 흔한 변화는 지각, 각성, 집중, 생각, 판단, 정신운동 행동, 그리고 대인관계상의 행동장애가 포함된다. 단기간 급성으로 중독된 경우, 만성중독(지속성 중독)과는 다른 증상과 징후를 보인다.

　가령, 코카인을 처음 접하거나 사용 횟수가 적다면 사교적이겠지만, 코카인을 자주 반복적으로 사용하다 보면 사회적 위축이 일어날 수 있는 것이다.

이러한 질문이 생길 수 있겠다. 물질로 인해 신체적 증상이 나타났다면 이것에 중독되었다고 볼 수 있을까.

만약 카페인(물질)을 과도하게 섭취한 탓에 빈맥(신체적 증상)이 일어난 사람이 부적응적 행동을 보이지 않는다면 '중독'으로 진단되지 않는다.

물질 금단 진단기준

1. 물질을 과도하게 장기적으로 사용하다가 중단 혹은 감량한다.
2. 진단기준 1번에서 기술된 것처럼 물질을 사용하다가 중단 혹은 감량한 지 수 시간 혹은 수일 이내에 다음 항목 중 2가지(또는 그 이상)가 나타난다.
   (1) 발한 또는 빈맥(맥박 분당 100회 이상)처럼 자율신경계의 항진이 일어난다.
   (2) 손 떨림 증가
   (3) 불면
   (4) 오심 또는 구토
   (5) 일시적인 시각적, 촉각적, 청각적 환각이나 착각
   (6) 정신운동 초조
   (7) 불안
   (8) 대발작

> ※ (1)~(8)까지의 증상의 경우, 물질 금단의 이해를 돕기 위해 알코올 금단의 증상을 예시로 든 것이다.
> 3. 진단기준 2번의 징후 또는 증상이 사회적, 직업적 또는 다른 중요한 기능 영역에서 임상적으로 현저한 고통이나 손상을 초래한다.
> 4. 징후 또는 증상은 다른 의학적 상태로 인한 것이 아니며, 다른 물질중독 및 금단을 포함한 다른 정신질환으로 더 잘 설명되지 않는다

물질 금단의 진단기준은 각 물질에 대한 세부 내용에 포함되어 있다.

필수적 특징은 과도하게 장기간 사용해 온 물질의 사용 중단 혹은 감량으로 인해 생리적, 인지적 장애와 더불어 물질 특유의 부적응 행동 변화가 발생하는 것이다(진단기준 1). 이런 물질 특유의 증후군(진단기준 2)은 사회적, 직업적 또는 다른 중요한 기능 영역에서 임상적으로 현저한 고통이나 손상을 초래한다(진단기준 3). 이러한 증상들은 다른 의학적 상태로 인한 것이 아니고 다른 정신질환으로 더 잘 설명되지 않아야 한다(진단기준 4). 항상 그런 것은 아니지만, 금단은 보통 물질사용장애와 관련이 있다. 또한 물질사용장애를 진단할 때는 치료의 일환으로 제공된 적합한 약물(아편류 진통제, 진정제, 자극제)의 사용 중에 금단증상이 발생하는 것은 특별히 계산하지 않는다는 것을 강조하는 것이 중요하다. 금단을 겪는 대부분의 사람은 증상을 줄이기 위해 물질을 다시 사용하고 싶은 충동이 생긴다

사실 마약류를 포함한 물질중독에서 가장 좋은 치료법은 약물치료도, 상담치료도 아닌 '예방'이 가장 좋은 치료방법이다. 일반인들에게 위와 같은 약물의 사용장애, 중독, 내성, 금단, 부작용 등을 통해 약물의 위험성과 심각성을 알리는 것이다. 철저한 예방교육을 통해 사전에 마약류를 접할 가능성을 저하시키는 것이 효과적이다.

중독 위험성을 지닌 각각의 물질(마약류, 알코올, 카페인, 니코틴)과 더불어 물질사용장애, 물질로 유발된 장애(중독, 금단)에 대해 알아보고자 한다.

2.
알코올중독

사례

1. A 씨는 가만히 누워 있는 것도 힘들다. 눈을 감으니 오히려 더 세상이 빙빙 도는 것 같은 느낌이 든다. 과음한 다음 날 오전 내내 숙취에 골골거렸다. 점심시간에 밥 대신 뜨끈한 바닥에 휴식을 청하며 누웠다. 연말 술자리에 불현듯 전날 밤 귀갓길이 기억났다. 저녁부터 내린 눈은 자정 무렵까지 내렸다. 길 위에 눈이 소복소복 쌓였다. 만취한 A 씨는 휘청이는 몸으로 골목에 주차된 전동 킥보드를 타려고 시도했다. 다행히 실패해서 걸어왔지만 뒷골이 서늘해졌다. '이렇게 마시다간 내가 나를 죽일 수 있겠구나. 크게 다치거나 죽을지도 몰라.' 그에게 있어 처음 든 생각이 아니었다. 3개월 전 가을 주말 아침에도 똑같은 생각을 했다. 과음 때문에 전날 밤 친구 집에서 신세를 지고 아침 햇살을 받으며 집으로 돌아온 날이었다. 이 친구는 술자리에 없었고, 술을 마시고 귀가하는 다신 친구 집을 찾아가서 잔 것이다. 가족과 사는 친구에게 전화해 "너희 집에 놀러 가도 되냐?"라고 물어본 뒤 "와도 된다."라는 말에 그대로 갔다.

다음 날 친구는 "마침 어제 집이 비어 있었고, 너희 부모님이 이 꼴을 보느니 우리 집에서 재우는 게 나을 것 같았다."라고 했다. 그 집에 셀 수 없이 놀러 갔지만 이렇게까지 충동적으로 신세를 진 건 처음 있는 일이었다. 맨정신으로는 하지 않을 행동이었다.

다시 만취한다면 어떤 행동을 할지 알 수 없었다. 또 킥보드를 타려 한다거나 걷기 힘들다며 벤치에 주저앉아 잠들 수도 있었다. 운이 나쁘면 범죄 표적이 될 수도, 요즘 같은 겨울엔 동사할 수도 있었다. 이렇게 어처구니없이 생의 최후를 맞고 싶은 사람은 없을 것이다.

2. 가수 B 씨는 지인 2명과 소주 1병 정도를 나눠 마셨다. 화장실에 간다고 일어선 뒤 돌아오지 않는 것을 이상하게 여긴 지인이 B 씨를 발견했을 때는 이미 심장이 멎은 상태였다. B 씨는 지인의 집에서 의식을 잃고 쓰러져 병원으로 옮겨졌지만 1시간여 만에 숨졌다. 경찰은 처음 진행된 부검에서 '사인미상'이라는 구두 소견이 나오자 정밀검사 결과를 기다렸고, 이후 국과수로부터 '(B 씨) 급성알코올중독으로 사망에 이르렀을 것으로 추정된다.'라는 내용의 최종 부검 결과 보고서를 받았다.
'급성알코올중독(Acute Alcohol Intoxication)'은 짧은 시간 내에 갑자기 많은 양의 알코올을 섭취하여 나타나는 육체적, 심리적 이상반응으로, 알코올 명정 혹은 대취라고도 부른다. 혈중 알코올 농도가 치명적일 정도로 높을 경우에는 혼수상태나 죽음에 이를 수 있다.

알코올은 적당히 마시면 긴장을 완화시키고 대인관계를 향상시키는 긍정적인 효과를 지니고 있으나 과음을 하게 되면 장기적인 음주를 하게 되어 알코올에 대한 의존성이 생겨 '술 없이는 살 수 없는 중독 상태'에 빠지게 되는 것이다. 이렇게 만성적으로 치닫게 되면 개인의 심리적 기능에도 손상되는 것은 물론 사회에서도 정상적으로 활동을 하기 어려워진다. 정상적이지 못한 사회 활동은 돈과 직결된다. 재정의

곤란과 가정파괴, 심리적 황폐화를 초래하여 폐인 상태로 전락한다.

알코올중독은 유전적, 사회심리적, 환경적 요인이 영향을 주는 만성질환으로 진행성이면서 치명적일 수 있다. 음주에 대한 조절력 상실과 술에 대한 집착, 불리한 결과에도 불구하고 알코올을 사용, 부정을 위시한 생각의 파괴를 특징으로 하는데 이 증상들은 지속적이거나 반복될 수 있다.

1) 알코올사용장애

알코올사용장애는 그 심각성에 따라 경도, 중등도 및 고도로 구분하며, 내성과 금단증상을 보인다. 음주를 통제할 수 없는 상태를 일반적인 용어로 '알코올중독'이라 칭한다. 이러한 알코올사용장애를 미국정신의학회에 따르면 다음과 같이 진단하고 있다.

알코올사용장애 진단기준

임상적으로 현저한 손상 또는 고통을 초래하는 문제즉 '알코올' 사용 양상이 지난 12개월 사이에 다음의 항목 중 최소한 2개 이상으로 나타난다.

1. '알코올'을 종종 의도했던 것보다 많은 양을 사용하거나 오랜 기간 사용한다.
2. '알코올' 사용을 줄이거나 조절하려는 지속적인 욕구가 있다. 또는 '알코올' 사용을 줄이거나 조절하려고 노력했지만 실패한 경험들이 있다.

3. '알코올'을 구하거나, 사용하거나, 그 효과에서 벗어나기 위한 활동에 많은 시간을 보낸다.
4. '알코올'에 대해 갈망하거나, 강하게 바라거나, 욕구가 있다.
5. '알코올' 사용을 반복적으로 하여 직장, 학교, 가정에서의 주요한 역할 책임 수행에 실패한다.
6. '알코올'의 영향으로 지속적으로 또는 반복적으로 사회적 또는 대인관계 문제가 발생하거나 악화됨에도 불구하고 알코올 사용을 지속한다.
7. '알코올' 사용으로 인해 중요한 사회적, 직업적 혹은 여가 활동을 포기하거나 줄인다.
8. 신체적으로 해가 되는 상황에서도 반복적으로 '알코올'을 사용한다.
9. '알코올' 사용으로 인해 지속적으로, 또는 반복적으로 신체적, 심리적 문제가 유발되거나 악화될 가능성이 높다는 것을 알면서도 계속 알코올을 사용한다.
10. 내성은 다음 중 하나로 정의된다.
    (1) 중독이나 원하는 효과를 얻기 위해 '알코올' 사용량의 뚜렷한 증가가 필요하다.
    (2) 동일한 용량의 '알코올'을 계속 사용할 경우 현저히 감소한다.
11. 금단은 다음 중 하나로 나타난다.
    (1) '알코올'의 특징적인 금단증후군
    (2) 금단증상을 완화하거나 피하기 위해 '알코올'(혹은 벤조디아제핀 같은 비슷한 관련 물질)을 사용한다.

다음의 증상들을 최소 3개월 이상 최대 12개월 이내의 기간 동안 4번을 제외한 다른 진단기준에 맞는 항목이 전혀 없는 경우 진단할 수 있다.

만약 위의 기준에서 2~3개에 해당하면 경도, 4~5개의 증상이 있다면 중등도, 6개 이상의 증상이 있다면 고도로 진단된다.

최근 알코올 섭취가 있었으며 섭취하는 동안, 그 직후에 부적절한 성적 또는 공격적 행동, 기분 가변성, 판단력 손상 등의 문제적 행동 및 심리적 변화가 일어났다면 '알코올중독'으로 진단된다. 이들은 다음의 증상 중 한 가지 이상을 나타낸다.

알코올과 자살 사고의 연관성은 연구들을 통해 입증되고 있다. 알코올사용장애 환자들이 겪고 있는 가족, 친구, 직장 동료 등의 대인관계 갈등이 이들의 자살 위험 요인으로 밝혀졌다. 한 국내 연구에 따르면 자살 고위험군 알코올중독자들 8명을 대상으로 자살 경험의 의미를 살펴본 결과 알코올과 자살을 '알코올중독의 늪', '끝없는 추락', '술을 쥐고 죽음을 향한 질주', '술과 자살의 이중 가면', '이중 굴레의 고통 속에서 살아 나가기'로 나타났다. 이들은 알코올중독으로 인한 고통과 문제에서 벗어나려 술을 이용하고 자살 시도를 하였고, 자살 시도 후에도 여전히 고통을 경험하고 있다.

2) 알코올중독

알코올중독 증상
1. 불분명한 언어
2. 운동실조

3. 불안정한 보행

4. 안구진탕

5. 집중력 또는 기억력 손상

6. 혼미 또는 혼수

이러한 징후 또는 증상은 다른 의학적 상태로 인한 것이 아니며, 다른 물질중독을 포함한 다른 정신질환으로 더 잘 설명되지 않는다.

사례와 같이 급성알코올중독은 '저혈당증', '전해질 불균형' 등의 대사 변화를 일으킬 수 있으며, 심혈관, 호흡기, 소화기에 심각한 영향을 미칠 수 있다. 특히 매우 높은 농도에서 내성이 생기지 않은 사람이 잠에 들면 마취 단계로 들어가게 되며, 더 높은 알코올 농도에서는 호흡 및 맥박이 저하되고 내성이 없을 경우, 사망에 이를 수 있다.

3) 알코올 금단

많은 양의 알코올을 지속적으로 마시다가, 이를 줄이거나 중단한 후에 수 시간 또는 수일 이내에 금단증후군이 나타나게 된다. 이러한 금단증후군은 다음의 자율신경계 항진과 불안 등의 증상 2가지 이상을 포함한다.

알코올 금단증상

1. 발한 또는 빈맥(맥박 분당 100회 이상)처럼 자율신경계의 항진이 일어난다.

2. 손 떨림 증가

3. 불면

4. 오심 또는 구토

5. 일시적인 시각적, 촉각적, 청각적 환각이나 착각

6. 정신운동 초조

7. 불안

8. 대발작

4) 원인

알코올중독의 원인은 여러 입장을 통해 알아볼 수 있다.

첫째, 생물학적 입장.

알코올의존 환자들은 유전적 요인, 알코올 신진대사에 신체적 특성을 지닌다. 알코올의존자의 가족과 친척 중 알코올의존자가 많다고 보고되고 있다. 특히 알코올의존자의 아들이 알코올의존자가 되는 비율이 25%로 일반인보다 4배나 높은 수준을 보이고 있다.

1970년대 덴마크에서 알코올중독에 대한 입양아 연구가 있었다. 알코올중독자 부모에게서 태어나 정상인 가정에 입양된 아이의 경우 어린 나이에 알코올중독자가 될 가능성이 4배나 높은 것으로 나타났다. 이러한 연구는 알코올사용장애에 유전적 요인이 매우 중요한 영향을 미치고 있습니다. 구체적 유전 기제는 밝혀지지 않았으나, 알코올에 대한 신체적 반응은 유전되는 것으로 알려진다. 보통 사람들의 경우 소량의 알코올에도 불구하고 졸림, 가슴 두근거림, 얼굴 빨개짐, 메슥거림, 두통 등의 불쾌한 반응을 경험한다. 그러나 알코올 관련 장애의 가족력이 높은 사람은 이러한 불쾌한 신체적 반응이 적다.

한국이 유난히 유병률이 높은 것은 우리의 사회문화와 관련 있다. 한국 문화는 술에 대해 관용적이며, 특히 남성들은 대부분의 만남에서 술을 마시고 술잔을 오고 갈 때 취중 진담과 같이 진솔한 대화가 가능하다고 여겨진다. 또한 술을 잘 마시는 사람들을 호주가로 평가한다. 한국은 술에 관용적이고 긍정적으로 바라보는 문화적 특성이 알코올 중독을 높이는 요인으로 작용한다.

둘째, 정신분석적 입장.
정신분석은 프로이트(Sigmund Freud)가 세운 것으로 인간의 발달 단계에서 각각의 시기마다 리비도(성적 욕구, 에너지)의 위치가 다르다고 보았다. 특히 영아기에는 리비도가 입에 위치한다고 하여 '구강기'라 한다. 만약 이 시기에 구강의 욕구가 결핍되거나 과잉 충족된다면 건강한 성격을 형성하지 못하고 그 시기에 고착되어 독특한 성격을 형성하게 된다.

정신분석학자들에 따르면, 알코올중독 환자들은 고착된 구강기 성격을 갖고 있을 뿐만 아니라 매우 의존적이고 피학적이며 위장된 우울증을 지니고 있다는 것이다.

또한 인간의 내면에는 원초아(본능), 자아(현실), 초자아(도덕성)의 구조로 되어 있는데 알코올중독 환자들은 초자아가 너무 가혹한 나머지 심각한 내적갈등을 지니고 있으며, 여기서 생기는 여러 부정적 정서들 이를테면 긴장감, 불안, 분노 등을 적절하게 해소하거나 통제하지 못하고 이를 회피하기 위한 수단으로 알코올, 약물 등을 사용한다고 보고 있다.

셋째, 행동주의적 입장.

행동주의학자들에 따르면 술과 즐거운 경험이 반복적으로 짝지어지면서 술에 대한 '긍정성'이 생기고, 술을 마심으로써 긴장고 불안이 조금은 해소되면서 음주 행동이 강화된다.

또한 부모님이나 주변 친구들이 술을 맛있게 마시거나 멋있게 마시는 모습을 보며 '나도 한번 마셔 볼까?'라는 생각에 음주 행위를 모방하며 이를 학습하면 '음주 행위'로 이어져 알코올사용장애, 알코올중독이 나타난다는 것이다.

알코올 치료는 절주를 목표로 하는 치료 프로그램이 있으며, 알코올 의존이 심하다면 입원치료를 받는 것이 좋다. 금단현상으로 인해 신체적, 심리적으로 매우 힘들기 때문에 다시 술을 접할 가능성이 높다. 치료 후에도 재발 가능성이 높기 때문에 가족과 주변인들의 이해와 협조가 매우 필요하다. 또한 금단현상을 줄여 주는 진정제 등의 약물치료 또한 심리치료와 더불어 스트레스 대처 훈련, 자기주장훈련, 이완 훈련, 명상 등을 함께 받는 것이 도움이 될 것이다.

3. 담배

사례

L 씨는 주변에서 알아주던 하루 2갑 이상 피우는 애연가였다. 잦은 기침과 폐렴증세로 병원에 찾아가 보았다. 의사로부터 폐암 진단을 받게 되었다. 그때부터 자신의 병문안을 온 지인들에게 담배의 중독성과 위험성을 경고하며 자신처럼 되지 말라는 말을 하였다.

"담배는 끊기가 어려우니 아예 담배를 배우지 말아라."

그렇게 3개월 가까이 투병 생활을 하다가 폐암으로 사망하였다.

1) 담배의 역사

과거 아메리카 인디언들에게 있어 담배는 신과 같은 존재였다. 하지만 유럽으로 건너갔을 때 일부 기독교인들에게는 담배가 '악마'로 여겨졌다.

중독성 및 각성 효과를 일으키는 주요 물질인 니코틴은 니코티아나

타바쿰이라는 담배 식물종의 이름에서 따왔다. 그 이름은 포르투갈 주재 프랑스 대사였던 장 니코(Jean Nicot de Villemain)의 이름에서 따온 것인데 그는 프랑스 왕에게 1560년에 담배와 그 씨앗을 보내서 의학적 사용을 권장했었다. 당시에는 담배가 질병, 특히 흑사병에 효과가 있는 것으로 믿었다. 담배는 유럽에서 흡연뿐만 아니라 살충제로 사용되었었고, 현재도 미국에서는 유기농 목적으로 니코틴이 살충제로 사용되기도 한다.

19세기를 거치면서 과학이 발전함에 따라 니코틴은 1823년 독일인 화학자 포셀트(Wilhelm Heinrich Posselt)와 라이만(Karl Ludwig Reimann)에 의해 처음 추출되었고, 그 독성이 1843년 벨기에 과학자인 멜센스(Louis-Henri-Frédéric Melsens)에 의해 처음 기술되었다. 1893년 독일의 화학자 아돌프 피너(Adolf Pinner)와 리차드 볼펜스테인(Richard Wolffenstein)에 의해 니코틴의 구조가 밝혀졌고, 20세기에 들어서면서 1904년 스위스 과학자 픽테(Ame Pictet)와 로스키(A. Rotschy)에 의해 처음으로 인공적으로 합성되었다.

처음 담배가 우리나라에 들어온 것은 호랑이 담배 피던 시절도 아닌, 우리가 생각하는 것보다 비교적 최근에 들어왔다. 담배는 광해군 시절인 1616년에 들어왔는데, 대중적으로 확산되어 돈을 벌어다 주는 담배를 기름진 토지에 심는 일이 생길 정도로 그 인기를 가늠해 볼 수 있다.

당시 담배는 상처를 치료해 줄 뿐만 아니라 충치 예방에 좋은 것으로 알려져 있었다. 특히 조선 후기 학자 이익의《성호사설》에 의하면 당시 담배는 만병통치약으로 인식되었다는 것이다. 그렇기에 가정의 필수품으로 대접받았고, 이수광의《지봉유설》에 의하면 담배는 병든 사람이 그 연기를 마실 경우 가래를 제거한다고 하였으며, 기관지염에 좋은 것으로 인식했었다.

그렇다면 오늘날 담배는 어떻게 받아들여지고 있는가? 흡연자들에게 있어서 담배는 스트레스 해소 혹은 습관적으로 입에 대는 물질, 한숨을 깊게 내쉴 수 있는 그러한 물질로 받아들여질 것이다. 그러나 비흡연자의 입장에서는 담배는 냄새가 독하기도 하고 간접흡연이 될 수 있기에 피해야 할 물질로 받아들여진다.

2) 정신작용

니코틴은 체내에 들어가면 혈류에 의해 빠르게 퍼져 나가며 뇌혈막을 통과한다. 평균적으로 니코틴이 흡수되기까지 대략 7초 만에 두뇌에 도달하는 것으로 알려져 있다.

인지능력, 집중력, 일화기억, 작업기억에 미치는 긍정적 영향이 알려져 있다. 복용량이 적을 경우, 니코틴은 잠재적으로 두뇌의 노르에피네프린(Norepinephrine)과 도파민의 활동을 강화하여 정신흥분제가 전형적으로 보여 주는 마약 효과를 유발한다. 또한 베타엔돌핀의 증가로 고통 감소와 불안감의 감소가 나타난다.

반면, 복용량이 많아지면 니코틴은 세로토닌과 아편제(Opiate)의 효과를 향상시켜 평온 및 진통 효과를 유발한다. 대부분의 마약과 비교할 때, 니코틴은 복용량이 증가함에 따라 흥분제에서 평온/진통제로 양상이 바뀐다는 점이 독특하다. 이러한 니코틴은 체내 반감기가 대략 1시간이다. 니코틴은 Cytochrome P450 효소(약물대사에 관여)에 의해 간에서 대사되며, 주요 대사물은 코티닌이다.

3) 담배사용장애

미국정신의학회가 발간한 《DSM-5-TR 정신질환의 진단 및 통계 편람》에 따르면, 담배로 인해 현저한 손상이나 고통을 초래하는 모습들이 12개월 사이에 다음의 항목 중에서 최소 2개 이상으로 나타난다면 '담배사용장애(Tabacco-Related Disorders)'로 진단된다.

담배사용장애 진단기준

1. '담배'를 종종 의도했던 것보다 많은 양을 사용하거나 오랜 기간 사용한다.
2. '담배' 사용을 줄이거나 조절하려는 지속적인 욕구가 있다. 또는 '담배' 사용을 줄이거나 조절하려고 노력했지만 실패한 경험들이 있다.
3. '담배'를 구하거나, 사용하거나, 그 효과에서 벗어나기 위한 활동에 많은 시간을 보낸다.
4. '담배'에 대해 갈망하거나, 강하게 바라거나, 욕구가 있다.
5. '담배' 사용을 반복적으로 하여 직장, 학교, 가정에서의 주요한 역할 책임 수행에 실패한다.

6. '담배'의 영향으로 지속적으로 또는 반복적으로 사회적 또는 대인관계 문제가 발생하거나 악화됨에도 불구하고 '담배' 사용을 지속한다.
7. '담배' 사용으로 인해 중요한 사회적, 직업적 혹은 여가 활동을 포기하거나 줄인다.
8. 신체적으로 해가 되는 상황에서도 반복적으로 '담배'를 사용한다.
9. '담배' 사용으로 인해 지속적으로, 또는 반복적으로 신체적, 심리적 문제가 유발되거나 악화될 가능성이 높다는 것을 알면서도 계속 '담배'를 사용한다.
10. 내성은 다음 중 하나로 정의된다.
    (1) 중독이나 원하는 효과를 얻기 위해 '담배' 사용량의 뚜렷한 증가가 필요하다.
    (2) 동일한 용량의 '담배'를 계속 사용할 경우 현저히 감소한다.
11. 금단은 다음 중 하나로 나타난다.
    (1) '담배'의 특징적인 금단증후군
    (2) 금단증상을 완화하거나 피하기 위해 '담배'(혹은 니코틴 같은 비슷한 관련 물질)를 사용한다.

만약 위의 기준에서 2~3개에 해당하면 경도, 4~5개의 증상이 있다면 중등도, 6개 이상의 증상이 있다면 고도로 진단된다.

담배사용장애는 궐련, 씹는담배, 코담배, 파이프, 시가를 비롯해 전자담배까지 모든 형태의 담배와 니코틴 함유약물(니코틴 패치)의 처방으로 발생할 수 있다. DSM-5 이전에는 니코틴으로 명시하였으나 현재에 와서는 담배로 변경되었다. 이러한 중독이 니코틴보다는 주로 담배와 관련이 높기 때문이다.

흔히 말하는 연초 담배를 매일 흡연하는 사람에서 '담배사용장애'가 흔하게 나타난다. 전자담배, 니코틴 약물을 사용하는 사람들은 연초에 비해 덜하다.

흡연으로 인해 가장 흔하게 생길 수 있는 의학적 질병에는 심혈관계 질병, 만성폐쇄성폐질환, 암 등이 있다.

국립암센터에서 암환자를 4만 명 이상 조사한 결과, 암에 걸렸어도 16%가 흡연을 지속했고, 암 진단 당시 잠깐 끊었다가 다시 흡연하는 사례도 무려 10%나 됐다. 미국정신의학회는 흡연이 개인에게 현저한 손상과 고통을 가져다줌에도 불구하고 이를 조절하지 못하고 끊임없이 흡연하는 행동에 더하여 질환으로 보고 있다

4) 담배 금단

최소 수 주 동안 매일 담배를 사용하며, 갑작스러운 담배 사용 중단 혹은 담배 사용량의 감소 후 24시간 내에 다음의 증상 중 4가지 이상이 나타난다면, '담배 금단(Tobacco Withdrawal)'으로 진단된다.

담배 금단증상
1. 과민성, 좌절 혹은 화
2. 불안
3. 집중곤란
4. 식욕증가
5. 안절부절
6. 우울 기분
7. 불면

대게 매일 흡연하는 흡연자가 담배 피는 것을 줄이거나 갑자기 중단하게 되었을 때 금단증상이 나타난다. 이들은 금단증상으로 인해 담배를 줄이고자 하는 마음이 꺾여 버리게 된다. 이러한 금단증상은 니코틴의 박탈로 인함이다.

일반적으로 흡연을 중단한 초기에 며칠간은 심장박동이 분당 5~12회로 줄어들고, 몸무게는 평균 2~3kg 증가한다. 이러한 몸무게의 증가는 담배를 다른 대상으로 주의를 돌리다 보니, 군것질을 먹게 되면서 체중이 증가하는 것이다.

5) 흡연 원인

지속적인 흡연 행위는 니코틴 의존 그리고 담배사용장애로 이어진다. 담배를 피게 되는 데는 여러 원인들이 있겠다.

개인의 정서적 상태와 니코틴의 조건 형성으로 인한 흡연으로 설명이 가능하다. A가 불안 수준이 높을 때 흡연을 하다가, 흡연을 멈출 때 불안 수준이 높아지는 것을 반복 경험하다 보면, 둘의 관계가 연합되어 니코틴 수준이 낮고 불안의 수준이 높을 때 계속적으로 흡연 행동을 하도록 한다.

정신분석기론에 따르면, 유아기에 구강의 욕구를 적절하게 충족되지 못한 채 고착되었고, 무엇인가 빨아야겠다는 무의식적 소망이 흡연 행위로 이어지는 것이다.

반두라의 사회학습기론에 따르면, A가 B(성인, 친구)의 행동을 흉내내어 따라하는 과정을 모방학습 혹은 모델링(Modeling)이라 하였다. 청소년 시절 친구들의 영향에 의해 혹은 TV 속 연예인의 흡연 장면, 담배 회사의 광고 등은 청소년들의 흡연 행동을 유혹하게 된다. 만약 청소년들이 흡연으로 건강에 해를 끼칠 수 있다는 사실을 앎에도 불구하고 이러한 영향에 의해 흡연을 시작하였다면 모델링에 의한 학습이라고 볼 수 있겠다.

6) 금연치료 방법

금연치료 방법에는 여러 가지가 있겠다. 니코틴 껌을 이용하여 담배의 의존도를 낮추는 '니코틴 대체치료', 여러 개비의 담배를 한꺼번에 피워 불쾌한 증상(눈물, 기침, 목 따가움, 구토 등)을 반복 경험하게 함으로써 담배와 혐오감을 연합시키는 '혐오치료'가 있다. 이외에도 다중양식치료가 있는데, 이는 흡연자 스스로 금연계획서를 작성하여 인지행동기법을 이용하여 금연을 실천으로 옮기는 것이다. 흡연자는 흡연 시간, 상황, 개비 수를 관찰하고 기록하여, 흡연하는 상황을 회피하거나 변화를 주어 흡연하도록 하는 자극들을 통제하는 것이다. 다중양식치료는 위의 니코틴 대체치료와 혐오치료, 급속흡연법 등과 함께 사용되기도 하며, 니코틴 대체치료의 경우 이처럼 행동치료와 함께 이루어질 때 효과가 좋다는 보고가 있다.

여러 신체적 질환에 따라 금연을 결심하게 될 것이다. 금연하기로 마음먹었다면, 지금 당장 갖고 있는 담배를 버려야 한다. 매 순간 담배를 피우고 싶은 욕구가 생길 것이다. 답답하거나, 불안하거나, 우울하거나, 스트레스를 받을 때 혹은 밥 먹고 난 직후에 담배를 갈망하게 될 것이다. 그럼에도 담배로 인해 고통받는 몸과 마음 그리고 가족들을 생각하면서 이겨 내야 할 것이다. 니코틴이 뇌의 보상회로에 영향을 미쳐 계속 원하게 되는 것이니 뇌세포가 정상적으로 돌아올 때까지 전문가의 도움을 받아 긍정적인 방법들로 극복해야 한다.

4.
카페인

> **사례**
>
> 목동 학원가 앞에서 한 기자가 커피를 들고 나오는 학생들을 대상으로 인터뷰를 했다. 고등학교 3학년인 B 씨는 "6월 모의고사는 수능과의 관계성이 있기 때문에 긴장하고 더 공부할 수밖에 없다. 그리고 이번 수능은 특히 의대 증원 때문에 N수생도 더 크게 늘어난 상황이라 성적을 위해서 몸에 나쁘다 하더라도 커피나 에너지 음료를 하루 3~4잔씩 마셔 가면서 공부하고 있다."라고 말했다.
>
> 학원 쉬는 시간 초등학생들이 키오스크 앞에 줄을 서더니 각자 커피를 주문했다. 한 초등생의 경우, 음료 주문하는 과정에서 옆 친구에게 "졸려서 카페인이 필요한데, 복숭아아이스티가 당긴다."라고 말하자, 친구는 "복숭아아이스티에 에스프레소 샷을 추가해."라고 조언하기도 했다.
>
> 초등학교 6학년 K 씨는 "이제 곧 중학교에 들어가기 때문에 일요일이어도 아침 9시부터 수업을 들으러 나왔지만, 너무 졸리다."라며 "커피가 없으면 오후 수업까지 못 버틸 것 같아 쉬는 시간에 잠깐 친구들이랑 나왔다."라고 했다.

학생이라면 한 번쯤 중간고사나 기말고사를 앞두고 벼락치기 공부를 하느라 밤을 새워 본 경험이 있을 것이다. 그리고 대부분의 청소년이 밤을 새울 때 카페인이 든 음료를 마시곤 한다. 사실 일반적인 용량의 카페인은 중추신경계와 신진대사를 자극하여 피로를 줄이고 정신을 각성시켜 일시적으로 졸음을 막아 주는 효과가 있기에 학생을 비롯해 직장인들에게 인기가 많을 수밖에 없다. 이러한 점에서 학생뿐만 아니라 성인들도 집중력이 필요할 때 에너지 드링크나 커피 등 카페인을 찾고는 한다. 그런데 카페인을 과잉섭취할 경우 불안, 초조, 가슴 두근거림 등 다양한 부작용이 나타날 수 있어 주의가 필요하다. 특히 성장기의 청소년이 카페인을 과잉섭취할 경우 그 부작용이 더 심할 수 있다.

커피를 얼마나 마셔야 과잉섭취라 할 수 있을까. 보통 커피 한 잔에 100~150mg의 카페인이 함유되어 있으며, 500mg 이상을 고용량 섭취라 한다. 하루에 카페인 250mg 이상을 매일 섭취하면 카페인의 내성과 금단증상이 나타날 수 있고, 카페인에 의존하게 된다.

1) 카페인중독

《DSM-5-TR 정신질환의 진단 및 통계 편람》에 따르면, 최근 카페인의 섭취(보통 250mg 이상을 초과하는 고용량)가 있었고, 카페인을 섭취하는 동안 혹은 섭취 직후에 다음의 증상 중 5가지 이상이 나타난다. 그로인해 사회적, 직업적 또는 주요 영역에서 임상적으로 현저한 고통을 초래한다면, 카페인중독(Caffein Intoxication)으로 진단한다.

카페인중독 증상

1. 안절부절
2. 신경과민
3. 흥분
4. 불면
5. 안면홍조
6. 이뇨
7. 위장관장애
8. 근육연축
9. 사고와 언어의 두서없는 흐름
10. 빈맥 또는 심부정댁
11. 지칠 줄 모르는 기간
12. 정신운동 초조

이러한 증상들은 다른 의학적 상태로 인한 것이 아니다. 또한 다른 물질중독을 포함한 다른 정신질환으로 더 잘 설명되지 않는다.

카페인을 고용량으로 섭취할 경우 귀울림, 섬광이 비치는 등의 경미한 감각장애가 발생할 수 있다. 하지만 중독증상은 대게 섭취 첫날 사라진다. 5~10g의 고용량의 카페인을 섭취할 경우 매우 치명적일 수 있어 주의가 필요하다. 특히 급성으로 섭취할 경우, 대발작 경련, 호흡부전을 일으켜 사망에 이를 수 있다.

한편 경구피임약은 카페인의 배출을 저하시켜 결과적으로 카페인중독의 위험성을 높인다고 한다.

2) 카페인 금단

장기적으로 매일 카페인을 마시고, 이를 갑자기 끊거나 줄인 뒤 24시간 이내에 다음의 증상 중 3가지 이상이 나타나며, 그로 인해 사회적, 직업적 또는 다른 중요한 기능 영역에서 임상적으로 현저한 고통이나 손상을 초래한다면 '카페인 금단'으로 진단한다.

카페인 금단증상
1. 두통
2. 현저한 피로나 졸음
3. 불쾌 기분, 우울 기분 혹은 과민성
4. 집중력 저하
5. 오심, 구토 혹은 근육의 통증이나 뻣뻣함처럼 독감 유사 증상

카페인은 커피뿐만 아니라 카페인이 함유된 모든 것을 말한다. 녹차, 홍차, 에너지 드링크, 초콜릿 심지어 감기약, 진통제까지 카페인이 들어 있다. 이렇듯 카페인이 광범위하게 들어 있기에 개인은 이를 의식하지 못하고 카페인의 금단증상을 겪어도 이들과 연관지어 생각할 겨를이 없을 수 있다.

금단증상은 주로 마지막 카페인 복용 후 12~24시간 후에 발생하며,

1~2일 후에 그 증상은 정점을 달한다. 금단증상은 2~9일간 지속되고, 증상들 중 두통은 21일까지 지속될 수 있다. 만약 카페인을 다시 섭취한다면 30~60분 내에 언제 그랬냐는 듯이 사라지게 된다.

카페인 섭취로 인해 불안증상과 수면 곤란이 나타난다면, '카페인으로 유발된 불안장애', '카페인으로 유발된 수면장애'로 진단한다.

3장

마약류중독

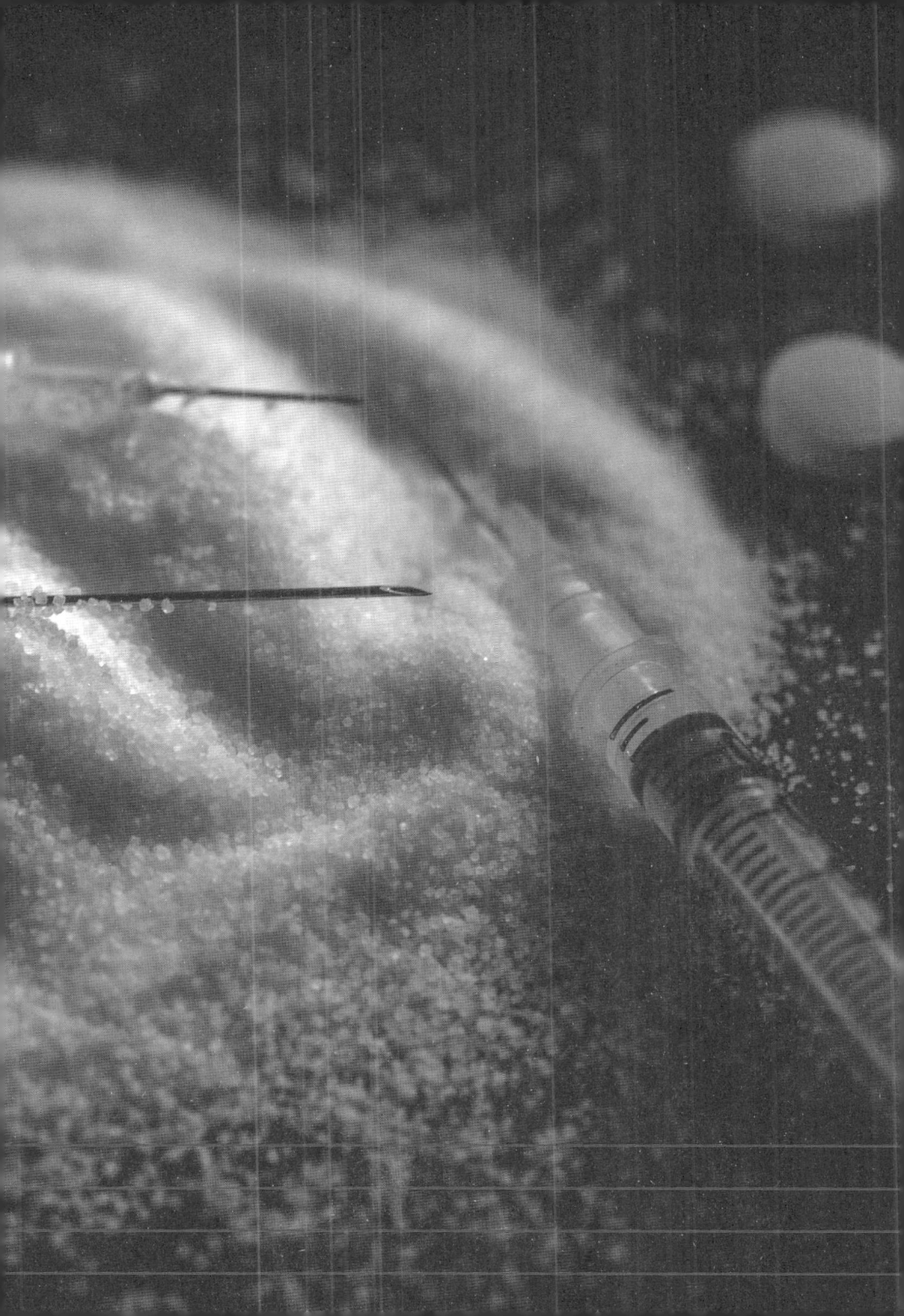

'앞으로 평생 무인도에 살아야 하는데 단 한 가지
약물만 챙겨 갈 수 있다면 무엇을 택하겠는가?'라고 묻는다면
나는 망설이지 않고 무한한 양의 대마라고 답할 것이다.
- 주디스 그리셀(Judith Grisel), 《중독에 빠진 뇌 과학자》에서

1. 마약류의 이해

마약은 그 중독성이 강해 마약중독자가 일상생활을 유지하기가 쉽지 않다. 그 이유는 마약을 투약하는 과정에서 주변 사람과의 관계에 문제가 생길 뿐만 아니라 경제적인 측면에서도 어려움을 겪기 때문이다. 그렇지만 대다수 마약중독자는 마약을 쉽게 끊지 못한다.

「마약류 관리에 관한 법률」에 따르면 마약류란 마약, 향정신성의약품과 대마를 말한다. 또한 '약학용어사전'에서는 마약류를 일반적으로 기분, 생각 등에 변화를 줄 목적으로 섭취하여 정신에 영향을 주는 물질로 정의하고 있다. 이는 협의로 오남용을 방지하기 위해 법적으로 강력히 규제되고 있는 약물이며, 허가 없이 제조, 소유, 판매 및 사용하는 경우 처벌의 대상이 된다. 그중 마약은 일반적으로 마약 원료인 생약에서 추출한 천연마약, 추출 알칼로이드, 화학적으로 합성한 합성마약으로 분류된다.

마약류는 투여 시에 의존성과 내성이 나타나며, 투여를 중단하게 되면 금단증상이 나타나므로, 개인뿐만 아니라 사회에도 해를 끼치게 된다.

마약류에 중독되면 몸 전체가 상하고 얼굴 모양이나 피부가 안 좋게 변하며 심장, 간, 폐, 신장, 위장 등의 장기들이 약화된다. 영화 〈터미네이터 2: 심판의 날〉의 존 코너 역을 맡았던 에드워드 펄롱(Edward Furlong)은 당시 미소년 이미지로 많은 사람들에게 사랑을 받았다. 하지만 크면서 마약에 빠져 현재는 그 모습이 이전과 많이 변한 탓에 역변의 아이콘으로 불리고 있다. 마약에 중독된 이들의 과거와 현재 모습을 비교해 보면 감각이상으로 얼굴을 할퀴고, 식욕저하로 체중감소가 일어나며, 영양실조 등으로 인해 인상이 달라져 있다. 또한 피부는 푸석해지고, 눈빛은 초점을 잃고, 치아는 부식되고, 잇몸과 입술이 변색되는 등의 많은 변화가 일어난다.

이러한 마약류는 중추신경에 어떠한 영향을 미치는가에 따라 흥분제, 진정제, 환각제 등으로 분류하고 있다. 학자들에 따라 마약의 분류에 차이를 보고 있다. 대마의 경우 환각제 효과를 갖고 있어 환각제로 분류시킬 수 있으나, 고유의 현저히 다른 심리적, 행동적 효과를 나타내기에 구분지어 진단되고 있다. 필로폰(또는 메스암페타민)과 엑스터시의 경우 중추신경에 흥분제 역할을 하기도 하지만 환각작용을 갖고 있기도 하여 환각제에 포함시키기도 한다.

미국정신의학회는 마약류를 대마, 환각제(펜시클리딘계, 기타), 자극제(암페타민류, 코카인 관련 등), 아편계, 흡입제(휘발유, 접착제, 본드, 기타 등)로 보고 있다. 이러한 마약류의 분류들은 마약류 사용에 따른 진단을 목적으로 한 것이다.

마약 운반 사례

해외에서 시가 7억 4,000만 원 상당의 마약을 국내로 밀반입하려 한 고등학생이 최대 6년의 징역형을 선고받았다. A 군은 5월 26일 독일에서 6만 명이 동시 투약할 수 있는 케타민 2.9kg을 팬케이크 조리 기계 안에 숨겨 밀반입하려 한 혐의로 구속 기소됐다. 케타민(Ketamine)은 주로 젊은 층 사이에서 남용되어 '클럽마약'으로 불리고 있지만, 원래의 용도는 전신마취 유도와 유지, 통증의 경감을 위하여 사용하는 해리성전신마취제인 향정신성의약품이다. 조사 결과, A 군은 중학교 동창인 B 군(18)과 SNS를 통해 알게 된 C 씨(31)를 범행에 끌어들였다. B 군에겐 밀반입한 마약을 받을 한국 주소를, C 씨로부터는 받은 연락처와 개인 통관 고유 번호 등을 알아내 독일 마약 판매상에게 넘겨 케타민을 한국으로 보내는 것이 그들의 범행 계획이었다. 하지만 두바이에서 학교를 다니던 A 군은 지난 7월에 방학을 맞아 한국으로 귀국했다가 인천공항에서 검찰에 체포되었다. 이후 A 군은 재판 과정에서 두바이에서 같은 학교를 다니는 마피아 조직 집안 아들의 강요로 인해 어쩔 수 없이 마약을 밀반입하게 된 것이라고 주장했다. 한편 B 군과 C 씨는 A 군보다 먼저 같은 혐의로 재판에 넘겨졌다. B 군은 최근 1심에서 장기 6년에서 단기 4년을 선고받았다. 경찰에 따르면 19일 선고 공판에서 특정범죄가중처벌법상 향정 혐의로 기소된 고고생 A 군(18)에게 징역 장기 6년에서 단기 4년을 선고했다. 소년법에 따르면 만 19세 미만 미성년자에게는 장기와 단기로 형기의 상한과 하한을 둔 부정기형을 선고할 수 있으며 부정기형은 단기로 선고된 형량을 채운 뒤 복역 태도를 보고 석방 여부를 결정한다. 재판부에 따르면 피고인의 범행이 가볍지 않으며, 그가 잘못을 인정하고 반성한 것과 독일 세관에 적발되어 미수에 그쳐 마약이 압수된 것을 고려하여 이러한 선고를 내렸다는 것이다.

사회 분야의 기사를 보면 대한민국은 마약으로부터 안전한 곳이 아님을 알 수 있다. 마약과 범죄의 사건은 더 이상 먼 나라를 통해 전해지는 이야기가 아니며, 우리 주변 어딘가에서 일어날 수 있는 일이다. 지금 이 순간에도 어딘가에선 일어나고 있지만 수면 위로 떠오르지 않았을 뿐이다. 청소년들이 마약의 소비를 넘어 마약 운반책으로서 마약을 확산시키는 일에 가담하고 있다는 것은 매우 심각한 일이라는 것을 알아야 한다.

2. 대마

> **사례**

1. 제주 시내 한 오피스텔을 경찰이 급습하였다. 방 한쪽에 있는 암막을 걷자 옷걸이에 초록색 식물이 주렁주렁 걸려 있었다. 이는 말린 대마초 잎이었다. 빨래 건조대 위에서도 대마초를 말리고, 찬장에는 달린 대마 잎을 보관한 유리병도 발견되었다. 경찰에 적발된 20대 A 씨 등 남녀 2명은 지난해 말부터 A 씨가 사는 오피스텔 안에서 대마초를 키우고, 이를 말려 상습적으로 피운 것으로 밝혀졌다.

2. 직접 대마초를 재배한 뒤 이를 활용해 요리를 해 먹은 20대 남성이 실형을 선고받았다. 법조계에 따르면 마약류관리법 위반(대마) 혐의로 기소된 P 씨(29)에게 최근 징역 2년 6개월을 선고하고 약물중독 재활교육 프로그램 40시간 이수를 명령했다.

   P 씨는 자신의 집에서 직접 대마초를 재배한 뒤 이를 흡연하거나 요리로 만들어 먹는 등의 수법으로 섭취한 혐의를 받았다. P 씨는 대마초 종자를 구매해 자신의 집에서 대마초 5주를 직접 재배한 것으로 조사됐다. 그는 직접 재배한 대마를 10차례 흡연했다. 또 김치찌개나 카레, 파스타, 김밥에 넣는 등 11차례에 걸쳐 요리에 넣어 섭취한 것으로 파악됐다. 또한 대마초를 기르기 위해 자기 집에 텐트와 조명 시설, 선풍기, 변압기, 수소이온농도(ph) 측정기 등 전문적 설비까지 갖춰 놓았다.

식물학계에선 칸나비스 사티바(Cannabis sativa)를 유일한 대마로 보고 있다. 대마의 특징은 초본 식물로, 줄기가 곧고 바르며 세로로 골이 나 있고, 경작 조건에 따라 잔가지가 많이 있기도 하다. 대마는 그 성분과 용도에 따라 두 종류로 구분된다. 첫째, 섬유용, 직물용 대마로 수천 년 전부터 옷감과 밧줄 등을 생산하는 데 쓰였다. 둘째, 수지용 대마로, 인도대마로 알려져 있다. 수지는 암꽃과 위쪽 잎에 주로 들러붙어 있으며, 수지에는 테트라하이드로칸나비놀(THC: Tetrahydrocannabinol) 등 카나비노이드 계열의 화학 성분이 많이 함유되어 있다.

이 대마의 성분 중 THC가 환각을 일으키는 주범으로 알려졌다. THC 성분이 뇌에 작용하여 각성 효과를 일으키기에 인도대마가 마약으로 널리 사용되기도 한다. 암그루가 수지를 더 많이 분비한다. 수지용 대마, 섬유용 대마의 구분은 뚜렷하지 않으며, THC 함유도에 따라 구분된다.

유럽의 대마는 0.3%의 법적 한도가 정해져 있다. 수지용 대마는 다음과 같이 사람들에게 소비된다. 첫째, 잎과 꽃을 따 말린 형태의 마리화나이다. 이는 단독으로 흡연 또는 담배와 섞어 수제 담배 형태로 말아 흡연하는 것이다. 둘째, 대마의 수지를 이용하여 만들어진 가공물로 THC의 함유도가 높다. 그 함유도는 4~20%로 유럽의 법적 기준치 0.3%를 생각해 보면 그 수치가 말도 안 되는 것을 알 수 있다. 이러한 해시시는 수연통 또는 원뿔형 파이프를 통해 흡입하여 사용한다. 셋째, 대마 또는 해시시 추출물 용제로, 오일 형태로 만든 해시시 오일이다. 푸르스름하고 검은빛이 맴돌며 끈끈하다. 이 또한 함유도가 높고 담배와 혼합하거나 마리화나와 섞어 흡입한다. 대마는 향정신성 효과를 갖고 있다. 이를테면 황홀감, 무력감, 감각 지각과 시간 지각의 이상을 경험한다.

대만 관련 장애는 대마계 물질이나 화학적으로 유사한 합성물질에 대한 의존, 중독 현상이다. 이는 대마계 제제에 대한 내성으로 인해 강박적으로 대마계 제제를 사용해 현저한 부적응을 나타내는 경우를 말한다. 대마계 제제는 생리적 의존이 발생하지 않고 금단증상도 심각하지 않은 것으로 알려져 있다. 이러한 특성이 곧 대마를 쉽게 접하도록 만들며, 다른 마약류로의 물길을 여는 역할을 하는 것서 더욱 신중하고 조심해야 한다.

대마계 제제 의존이 있는 이들은 몇 개월 또는 몇 년에 걸쳐 매우 심하게 대마계 제제를 사용하고, 물질을 구하고 사용하는 것에 하루 중 많은 시간을 보내기도 한다. 예를 들어 가정, 학교, 직장 또는 여가 활동 등에 지장을 준다.

1) 대마사용장애

미국정신의학회에서 발간한 《DSM-5-TR 정신질환의 진단 및 통계 편람》에 따르면, 과도한 대마 사용으로 인해 발생하는 부적응적 문제들이 12개월 이내에 11개 진단 기준 중 2개 이상의 증세가 나타났다면, 이는 '대마사용장애(Cannabis Use Disorder)'로 진단된다.

대마사용장애 진단기준

1. '대마'를 흔히 예상했던 것보다 더 많은 양 또는 더 오랜 기간 마신다.
2. '대마'를 줄이거나 통제하려는 지속적인 노력을 기울이지만 매번 실패한다.
3. '대마'를 획득하고 사용하고 그 효과로부터 회복하는 데 많은 시간을 허비한다.
4. '대마'를 마시고 싶은 갈망이나 강렬한 욕구를 지닌다.
5. '대마' 사용으로 인해 직장, 학교나 가정에서의 주된 역할 의무를 수행하지 못한다.
6. '대마'의 효과에 의해서 초래되거나 악화되는 사회적 또는 대인관계적 문제가 반복됨에도 불구하고 지속적으로 대마를 사용한다.
7. '대마'로 인해서 중요한 사회적, 직업적 또는 여가 활동을 포기하거나 줄인다.
8. 신체적 위험이 존재하는 상황에서도 반복적으로 '대마'를 사용한다.
9. '대마'에 의해서 초래되거나 악화될 수 있는 지속적인 신체적 또는 심리적 문제가 있음을 알면서도 '대마' 사용을 계속한다.
10. 내성이 다음 중 하나의 방식으로 나타난다.
    (1) 중독이 되거나 원하는 효과를 얻기 위해서 현저하게 증가된 양의 '대마'가 필요하다.
    (2) 같은 양의 '대마'를 지속적으로 사용함에도 현저하게 감소된 효과가 나타난다.
11. 금단이 다음 중 하나의 방식으로 나타난다.
    (1) '대마'의 특징적인 금단증후군이 나타난다.
    (2) 금단증상을 감소하거나 피하기 위해서 '대마'(또는 관련된 물질)를 마신다.

만약 위의 기준에서 2~3개에 해당하면 경도, 4~5개의 증상이 있다면 중등도, 6개 이상의 증상이 있다면 고도로 진단된다.

대마계 제제 의존이 있는 이들은 이 물질이 흡연과 연관된 만성적 기침 등의 신체적 문제 또는 반복적인 고용량 사용에 따른 과도한 진정의 심리적 문제를 야기한다는 사실을 알고 있음에도 불구하고 지속적으로 사용한다. 남용과 주기적인 사용으로 인해 직장에서의 활동에 지장이 생기고 차를 운전하여 다른 사람을 위협하는 신체적으로 위험한 일을 반복적으로 벌이게 되어 체포되거나 법적 문제가 생긴다.

대마 사용으로 인한 증상은 정신적으로, 신체적으로 나타난다. 신체적 증상은 체내 흡수 정도에 따라 달라지며, THC는 중추신경계와 지질이 풍부한 신체 조직 내에 붙어 있기어 체내에 오래 남아 있다. 체내에 흡수된 THC의 절반이 없어지려면 7일 정도 걸린다. 대마의 급성 중독증상은 심각하지는 않다. 다만 개인차도 있고 사용량에 따라 달라질 수 있다. 성인의 경우 3mg을 넘을 때부터 중독증상이 나타나기 시작한다. 그리고 그보다 5배 넘는 15mg 이상부터는 2시간 이내에 정신병적 증상이 나타나며, 3~8시간 동안 다음의 증상이 나타날 수 있다. 첫째, 기분장애로 이유 없는 웃음, 이상 황홀감, 많은 말, 불쾌감, 불안, 자폐적 위축 등을 겪는다. 둘째, 인지장애로 시간과 감각의 상실, 기억장애, 협조운동장애, 현기증이 나타난다. 셋째, 청각, 후각, 미각 등의 감각신경이 손상된다.

급성정신병적 증상으로 학대 망상이 나타나기도 하며, 정서적으로 불안하고 기억상실을 수반하기도 한다. 보통 이러한 증상은 한나절 안에 사라진다. 단기간 내에 많은 투여로 급성중독증상을 겪음에도 대마를 지속적으로 자주 사용하면 일시적으로 나타났을 때보다 증상이 더욱 악화되고, 반응 시간이 늘어난다. 또한 우울증이 악화되고, 흥미를 잃어 감정의 둔화를 보이는 무동기증후군이 나타난다. 무동기증후군의 발생 원인이 대마의 주성분인 THC가 뇌의 전두엽, 전 피질의 작용과 관련된 것으로 보고 있다. 이외에도 단기기억장애, 기분 불안정의 급성정신착란 증상을 보이고, 학대 망상과 편집증을 보이는 정신분열적 증상을 나타내며, 주의산만, 졸음증, 주의력과 집중력이 저하되고 지적 능력이 감퇴하며, 흥분으로 인한 폭력적 행동을 나타낸다. 이러한 정신질환은 항정신질환제, 항불안제의 약물치료를 받아야 한다.

신체 증상에는 위경련, 복부팽만감 등 소화계통에 문제를 일으키지만 자연 치유된다. 대마의 흡입으로 인해 호흡기 증상에 알레르기 반응을 보이기도 하나, 카나비노이드 자체가 기관지를 확장하기에 아이러니하게도 기관지협착에 좋다. 만성적인 사용은 심장박동이 느려지며, 혈관병을 유발하기도 한다. 제조 과정에서 문제시 전신에 알레르기 반응을 보이기도 한다.

2) 대마중독

《DSM-5-TR 정신질환의 진단 및 통계 편람》에 따라 다음과 같은 모습을 보인다면 대마중독으로 진단한다.

대마중독

1. 최근 대마 사용이 있다.
2. 대마를 사용하는 동안 또는 그 직후에 임상적으로 현저한 문제적 행동 변화 및 심리적 변화가 발생한다. 예를 들어 운동실조, 다행감, 불안, 시간이 느리게 가는 느낌, 판단력 손상, 사회적 위축이 일어난다.
3. 대마 사용 후 2시간 이내에 다음의 증상 중 2가지 이상이 나타난다.
    (1) 결막충혈
    (2) 식욕증가
    (3) 입마름
    (4) 빈맥

이러한 징후 혹은 증상이 다른 의학적 상태로 인한 것이 아니며, 다른 물질중독을 포함한 다른 정신질환으로 더 잘 설명되지 않는다.

대마는 흡연할 경우, 몇 분 내에 중독이 나타나지만, 경구로 복용 시 수 시간이 지나야 중독증상(고양감, 부적절한 웃음, 판단력 손상, 왜곡된 감각 지각, 운동 수행 손상 등)이 나타난다.

3) 대마 금단

대마를 과도하게 복용(주로 매일, 최소 몇 개월 이상의 기간에 걸쳐 복용)하다가 중단하면 금단증상이 나타나는데 이는 다음과 같다.

대마 금단증상

1. 과민성, 분노 또는 공격성
2. 신경과민 또는 불안
3. 불면증 또는 뒤숭숭한 꿈을 꾼 것 같은 수면 문제
4. 식욕감퇴 또는 체중감소
5. 안절부절
6. 우울한 기분
7. 다음의 신체적 증상 중 한 가지 이상으로 인해 심각한 불편을 겪게 된다.
    (1) 복통
    (2) 흔들림/떨림
    (3) 발한
    (4) 열
    (5) 오한 또는 두통

한때 마약에 중독되었으나 현재는 마약에서 벗어나 새로운 삶을 살고 있는《중독에 빠진 뇌 과학자》의 저자 주디스 그리셀(Judith Grisel)에 따르면 대마는 부담이 적은 마약이기에 가장 쉽게 접할 수 있는 친숙하면서도 가장 무서운 존재라고 하였다. 대부분의 중독자들은 처음 마약을 입에 댈 때는 아무 생각 없이 시작한다. 특히, 대마는 언젠가 끊을 수 있다는 자신감이 있다는 것이다. 하지만 자주 손대다가 어느새 마약에 중독된 자신을 발견하게 되며, 이는 대마로 시작하여, 코카인, 아편 등의 마약에 이를 수 있는 것이다. 이젠 성인들뿐만 아니라 고등학생들에게도 마약 사용이 확산된 것을 보면 마약의 경각심을 국

민들에게 더욱 심어 주어야 하고, 처벌도 더욱 강화해야 한다.

"대한민국이 마약 청정국이 되는 그날을 다시 한번 바라 본다."

3. 환각제

사례

올해 초 서울 강남구 대치동 학원가에 영문 모를 사람들이 나타나 학원을 다니는 학생들에게 '집중력 강화 음료'라며 음료를 전달했다. 이들은 학원 앞에서 음료 시음회를 열고 학생들을 유인했다. 13명의 학생에게 음료를 권했고, 그중 9명이 받아 마셨다. 호기심에 마신 학생들은 이후 이상한 증상을 겪었다. 6명에게서 환각증상이 일어났다. 이들이 마신 것은 이른바 '마약 음료'로 필로폰(환각제)과 우유를 섞은 것이었다.

영문 모를 사람들의 배후에 있던 일당은 필로폰 10g을 우유와 섞어 마약 음료 100병을 직접 제조했다. 1병당 0.1g의 필로폰을 넣은 셈이다. 이후 아르바이트생 4명에게 보내 학생들을 대상으로 학원가에서 시음회를 열게 했다. 속셈은 따로 있었다. 마신 학생의 학부모에게 '자녀를 마약 투약 혐의로 신고하겠다.'라고 공갈 협박해 돈을 받아 내려는 수작이었다.

기억력 상승, 집중력 강화 등의 기능이 있는 신제품 출시 행사로 속여 벌인 일이 바로 강남 대치동 학원가 마약 음료 사건이다. 결과는 미수에 그쳤다. 해당 사건에 가담한 마약 음료의 제조, 공급 보이스피싱 조직원들에게 중형이 선고됐다.

위와 같이 자신도 모르는 사이 마약에 노출된 것으로 의심될 때 할 수 있는 무료 마약 검사가 있다. 방식은 소변 검사로, 감정할 수 있는 마약류는 필로폰, 대마, 모르핀부터 크카인, 암페타민, 엑스터시까지 여섯 종류이다. 검사를 마치고 20분 뒤 결과를 들을 수 있다. 만약 양성이 나올 경우, 검사실에서 대응 방법을 함께 안내하게 된다. 양성일 때는 연계된 병원에서 2차 판별 검사와 중독치료를 받을 수 있다. 또, 만약 범죄 피해를 봤다는 확신이 있다면 경찰이나 해바라기센터 연계도 가능하다. 마약류 익명 검사는 나도 모르는 사이 마약에 노출됐을 때를 대비하기 위한 취지로 도입됐다.

환각제(Hallucinogen)란 인체에 들어갔을 때 일상생활에서 느끼지 못한 의식상태, 즉 감각, 사고, 자아인식, 감정의 변화를 느끼게 하는 약물류의 총칭이다. 환각효과를 나타내는 다양한 물질로 마약류인 LSD, 향정신성의약품인 엑스터시와 펜시클리딘 등이 있다. 주로 경투 투여되고 주사제로 사용된다. 여기서 환각이란 실제로 존재하는 자극이나 대상이 없는데도 그것이 마치 실재하는 것처럼 감각적으로 느끼거나 체험하는 것이다. 환각제를 사용하면 현실 세계에서 볼 수 없는 환각의 세계를 경험한다는 것에서 별칭으로 '판타스티카(Phantastica)'라고 한다. 자연적으로 발생되는 환각을 유발하는 물질을 특정 문화권에서는 종교의식에서 사용하곤 하였다. 가령, 인디언 교회의 교인들은 신과 쉽게 교감하기 위한 수단으로 페요테(메스칼린을 함유하고 있는 선인장)를 사용하였으며, 멕시코 원주민들은 오래전부터 실로사이브 멕시카나 버섯(실로사이빈을 함유한 환각 버섯)을 종교의식에 사용하였다.

환각제는 뇌 속 신경전달물질의 경로를 변형함으로써 인체가 현실

3장 마약류중독

을 인지할 수 없는 상태로 만든다고 알려져 있다. 사용 시 중추신경계를 흥분시키기도 하고, 억제하기도 하는 혼합작용을 일으키게 된다. 특히 시각, 촉각이 예민해지고 감각기능이 고양되며 신체상, 시공간지각이 변화된다. 또한 만화경 같은 환시, 현실감각에서의 상실과 감정의 격변, 음악 소리가 색깔로 보이는 등의 감각변형 현상을 느끼는 공감각 등을 경험하게 된다. '잊었던 과거 경험의 회상', '종교적 통찰의 느낌', '신체로부터 이탈되는 느낌', '착란상태', '의식이 확장되는 느낌', '황홀감' 등을 경험하게 된다.

하지만 정신적 부작용이 뒤따르는데, 공포발작이 흔히 발생한다. 거의 실성상태에 이를 수 있어 주변에 보호할 사람들이 없다면 사고를 일으킬 위험성이 커진다. 또한 부작용으로 약물 사용을 중단하였음에도 사용할 때 느꼈던 환각을 다시 경험하는 재현현상(Flashback)이 나타나기도 한다.

1) 환각제 종류

펜시클리딘

펜시클리딘(Pencyclidine)은 1950년 해리성마취약으로 처음 개발되어 세르닐이라는 상품명으로 판매되었다. 당시의 마취제는 호흡과 순환기계통의 부작용이 있었던 반면에 세르닐은 호흡을 억제하지 않으면서 진통효과를 나타내니 이상적인 마취제로 인정받았다. 조제가 간편하고 가격도 저렴한 터라 1960년대에 들어서면서 길거리 마약으로 변질되었다.

펜시클리딘은 거리에서 PCP, 천사의 가루, 크리스탈, 코끼리 안정제, 슈퍼 클래스, 엔젤 미스트, 피스 위드 등의 여러 상표명으로 판매되고 있다.

이는 낮은 용량을 사용 시에 해리증상(몸과 가음으로부터 분리되는 듯한 느낌)이 나타나고, 높은 용량에서는 경련발작, 근육마비, 혼미, 혼수를 일으킨다. 평소에 온순했던 사람도 이에 중독될 경우, 폭력성과 이상행동을 보이게 된다. 이러한 물질들은 보통 흡연, 경구로 복용하며, 코로 흡입하거나 정맥주사로 맞기도 한다. 이 물질에 취약한 사람들의 경우, 환각효과가 몇 주 동안 지속되기도 한다.

한편 펜시클리딘은 8일 동안 소변에서 검출될 수 있다. 몸에서 완전히 배출되기까지는 8일 이상의 시간이 걸린다. 고용량을 사용했을 시에는 더 오랫동안 검출될 수 있다(펜시클리딘계에는 펜시클리딘 그리고 펜시클리딘보다 효력이 약하나 유사한 작용을 하는 화합물인 케타민, 사이클로헥사민, 기조실핀이 포함된다).

필로폰

필로폰(Philopon)은 우리나라에서 널리 남용되고 있는 암페타민류 약물로, 정식 명칭은 메스암페타민(Methamphetamine)이며, 중독성이 강한 향정신성의약품이다. 염산에 염산에페드린을 원료로 합성한 것이다. 결정성 분말로 흰색의 무취, 쓴맛이 나며, 순도가 높은 경우에는 약한 암모니아 냄새나 비린내가 나기도 한다. 또한 물이나 알코올에 쉽게 용해된다. 만약 이 필로폰을 알코올, 코카인 또는 아편과 함께 사용하면 독성은 더 강해진다.

이러한 메스암페타민(필로폰)을 한국에서는 주로 필로폰으로 부르고 있으며 외국에서는 매우 다양한 이름으로 부르고 있다. 미국에서는 액체 형태의 필로폰을 '스피드', 고체의 형태는 '아이스'로 부른다. 일본에서는 '히로뽕'으로 불리는데, 피로(疲勞)가 한 번에 없어진다는 의미의 속어 '뽕'의 합성어이다. 필리핀에서는 '샤부' 그리고 타이완에서는 '아미타민'으로 불리고 있다.

1888년 일본 도쿄대학교 의학부의 나가이 나가요시 교수가 천식을 치료하는 약재인 마황으로부터 에페드린을 추출하는 과정에서 처음 발견하였고, 1893년 합성에 최초로 성공하였다. 한편 필로폰은 일하는 것을 사랑한다는 의미의 그리스어 필로포누스(Philoponus)에서 유래하였다고 전해지는데, 제2차 세계대전 중 일본에서 군수공장의 노동자와 군인을 대상으로 대일본제약회사에서 '필로폰'이라는 명칭으로 시판하였고, 이후에는 민간에 널리 확산되었다.

이를 사용할 경우, '스피드'라는 별칭처럼 효과가 빠르고 신속하게 나타난다. 과도하게 사용할 경우 며칠씩 잠을 자지 않은 채 활동할 수 있으며, 식사도 거르게 된다. 과도한 흥분과 넘치는 자신감과 더불어 공격적이거나 폭력적인 모습을 보이게 되며, 극심한 불안을 경험하게 된다. 또한 사용 시 인체 내에서 도파민과 노르에피네프린을 공급하기에 강력한 행복감을 느끼며, 이러한 호르몬과 유사한 작용을 하는 것에서 폭발적인 힘을 발휘하기도 한다. 또한 코카인보다 흥분감이 오래 지속된다.

　약물을 중단할 경우, 불안, 떨림, 악몽, 극도의 피로감, 두통 등의 금단증상이 나타난다. 물에 잘 용해되어 주사기로 투여하는 것이 일반적인데, 주사기 재사용에 따른 에이즈, 간염 등의 다양한 전염병에 노출될 가능성이 높다.

엑스터시

　엑스터시(Ecstasy)는 암페타민류 신종 합성 마약으로 자극제 특성과 환각제 특성이라는 2가지 효과를 모두 나타낸다. 미국에서는 '아담' 또는 '엑스터시'로 알려져 있다. 한국은 2000년대 초반 테크노 열풍이 불던 당시 엑스터시로 인해 고개를 가로저어 흔들며 춤을 추던 탓에 '도리도리'로 잘 알려져 있다.

　엑스터시의 정식 명칭은 '메틸렌디옥시메스암페타민(MDMA: Methylenedioxymethamphetamine)'이다.

　1914년 독일의 화학회사인 머크사에서 합성하였고, 처음부터 마약으로 활용된 것은 아니었다. 당시 인지능력을 향상시키는 데 사용되었고, 이후 식욕감퇴와 불감증 등의 치료에 사용되었으나 치료제로 인정받지 못하고 판매가 중단되었다. 그러나 1980년대 이후 영국의 레이브 파티에서 사용되면서 마약으로서 남용되기 시작했고, 파티 약물의 대명사로 불리고 있다.

 밤을 지새워 춤추니 땀을 지나치게 흘려 탈수 상태에 빠지고, 열사병으로 발전하여 경련을 일으키다가 사망하기도 한다. 이는 필로폰보다 값은 저렴하면서 환각효과는 3~4배에 달한다.

LSD

 LSD(Lysergic acid Diethylamide)는 다양한 환각제 중 환각작용이 가장 강한 마약이다.

 1938년 스위스의 제약회사인 산도스사의 약리연구소에서 알버트 호프만(Albert Hofmann) 박사가 맥각균에서 합성한 물질로 무색·무미·무취한 백색 분말이다. 맥각균(Clavicepspurpurea)은 자낭균류에 속하는 하등식물 호밀, 보리, 귀리 등의 벼과 식물의 자방에 기생한다. 맥각균에 중독된 사람들은 불에 타는 듯한 고통을 느끼며, 곧바로 치료받지 못한다면 괴저로 발전해 신체의 발단 부분들이 떨어져 나가게 된다.

 호프만 박사가 LSD를 발견하기 전까지 사람들은 맥각균에 대한 약리작용을 알지 못한 채 경험적으로 출산 후 산모의 출혈을 막아 주는 처치제로 사용해 왔다. 호프만 박사는 맥각균에 대한 실험을 진행하다가 환각증상을 경험한 이후, 아이디어를 얻어 LSD를 합성하게 된 것이다. 호프만은 LSD 최초 경험자라고 볼 수 있겠다. 리제르그산 계열 중 25번째로 만들어졌던 화합물이기 때문에 초기에는 LSD-25라 명명하였다.

이는 행복호르몬이라 불리는 뇌신경전달물질 '세로토닌'과 화학구조가 유사하다.

LSD는 주로 비밀 장소에서 제조되어 우표와 같은 형태의 종이에 그림으로 인쇄하여 판매되고 있다. 이를 거래한 이들은 종이를 혀로 핥거나 종이를 삼킴으로써 마약 효과를 경험한다. 100~200μg의 소량 경구투여로 코카인의 100배, 메스암페타민(필로폰)의 300배에 달하는 효과를 나타낼 만큼 매우 강력하다. 이를 사용한 이후 동공확대, 심박동 및 혈압상승, 오한 등의 신체적 증상이 나타난다. 그리고 매우 강력한 환각효과에 빠지게 되며, 기쁨과 슬픔을 동시에 경험하게 하는 약물이다. 환각상태가 사용자를 기분 좋은 상태로 이끌기도 하지만 극심한 공포와 불안, 우울의 부정적 상태로 이끌 수도 있다.

1993년 윌킨슨(G. Wilkinson)이라는 정신과의사는 기쁨과 슬픔이 공존하는 LSD를 직접 복용했던 경험을 다음과 같이 글로 남겼다.

"내가 지각한 대상인 문이나 탁자의 영상이 너가 되어 버렸다. 누군가가 방에서 나간다면, 그들은 사라져 더는 존재하지 않는다. 내가 그들을 지각했기에 그들은 나의 일부가 되었고, 그들이 떠난다면 나는 그 일부를 상실하는 것이다. 무섭고 두려웠다.

...

3장 마약류중독

모든 시각적 표상이 사라졌기 때문에 나 자신이 해체되어 내가 좁은 틈을 따라 기어 올라가고 있다고 느꼈다. 너무 놀라 다시 눈을 뜨고 말았다.

...

조현병 환자가 다른 사람이 벽에 못을 박는 것을 보고, "못이 내 머리에 박히고 있어요."라고 말하는 것이 무엇인지 이때 나는 깨달았다. 주위 사물들이 영향을 받을 때 나도 함께 영향을 받았다.

— 최현석, 2009 재인용

그는 이 경험이 매우 의미가 있었으며, 조현병의 증상을 몸소 체험함으로써 비로소 이해할 수 있었을 뿐만 아니라 세상에 대한 일상적 경험이 개개인에게 고유한 것이기에 다른 구구와도 공유하기 어렵다는 것을 깨달았다고 말한다.

이러한 LSD는 1960년대 히피 문화와 예술 그리고 반전운동 등에 큰 영향을 주었다. 또한 LSD가 감각을 예민하게 하여 창작 활동에 있어 성과를 높여 주는 것에서 화가, 음악가, 작가 등의 예술인들에게 '기적의 약'으로 칭송받았다. 심지어 전설의 밴드 비틀즈의 곡 〈Lucy in the Sky With Diamonds〉가 LSD를 의미한다고 알려졌으니 말이다. 정신과적 증세의 치료목적으로 사용되던 LSD는 부작용이 극심할 뿐만 아니라 중독증상이 심각하여 이후 마약류로 분류되었다.

2) 환각제사용장애

《DSM-5-TR 정신질환의 진단 및 통계 편람》에 따르면, 환각제의 사용으로 인해 12개월 이내에 다음의 증상 중 2가지 이상이 나타났다면 '환각제사용장애(Hallucinogen Use Disorder)'로 진단된다.

환각제사용장애 진단기준

1. '환각제'를 흔히 예상했던 것보다 더 많은 양 또는 오랜 기간 사용한다.
2. '환각제'를 줄이거나 조절하려는 지속적인 욕구가 있다. 줄이거나 지속적인 노력을 기울이지만 매번 실패한다.
3. '환각제'를 구하거나 사용하고 그 효과로부터 회복하는 데 많은 시간을 허비한다.
4. '환각제'에 대한 갈망이나 강렬한 욕구를 지닌다.
5. 반복적인 '환각제' 사용으로 인해 직장, 학교나 가정에서의 주된 역할 의무를 수행하지 못한다.
6. '환각제'의 영향에 의해서 초래되거나 악화되는 사회적 또는 대인관계적 문제가 반복됨에도 불구하고 지속적으로 '환각제'를 사용한다.
7. '환각제'로 인해서 중요한 사회적, 직업적 또는 여가 활동을 포기하거나 줄인다.
8. 신체적 위험이 존재하는 상황에서도 반복적으로 '환각제'를 사용한다.
9. '환각제'에 의해서 초래되거나 악화될 수 있는 지속적인 신체적 또는 심리적 문제가 있음을 알면서도 '환각제' 사용을 계속한다.
10. 내성은 다음 중 하나로 정의된다.
    (1) 중독이 되거나 원하는 효과를 얻기 위해서 현저하게 증가된 양의 '환각제'가 필요하다.

(2) 같은 양의 '환각제'를 지속적으로 사용함에도 현저하게 감소된 효과가 나타난다.

금단증상이나 징후는 환각제에서 확립되지 않아, 이 진단기준은 적용하지 않는다. 펜시클리딘 금단은 동물에서는 보고되었으나, 사람에서는 보고되지 않았다.

만약 위의 기준에서 2~3개에 해당하면 경도, 4~5개의 증상이 있다면 중등도, 6개 이상의 증상이 있다면 고도로 진단된다.

환각제는 다행감, 환각효과에 대해 내성이 빨리 발전하는 반면에 동공산대(동공이 보통 때보다 커지는 상태)와 과잉반사, 혈압상승 등의 자율신경효과에 대해서는 내성이 생기지 않는다. 대개 환각제는 반감기가 길고 작용 시간이 광범위하여 환각제 의존이 있는 이들은 약의 효과를 얻고 회복하는 데 며칠을 보내야 한다. 이렇게 환각제가 유해한 것을 알고 있음에도 계속 사용하게 된다. 일부 환각제의 경우, 사용한 다음 날에 불면증과 피곤함, 졸림, 균형 상실 그리고 두통 등의 후유증을 초래한다. 또한 환각제 중독 상태에서 판단력은 상실되어 있어 이에 자신이 새처럼 날 수 있다는 믿음에 의해 창문 밖으로 뛰어내리는 위험한 행동을 취하기도 한다. 환각제 사용자는 중독에 의해 생긴 부적응적 증상으로 인하여 학교와 직장, 가정에서 역할을 제대로 완수하지 못한다. 전방주시를 하지 않으면 위험한 상황으로 이어질 수 있는 운전 중에도 환각제를 사용하여 중독 또는 소지로 인해 법적 문제가 일어난다. 이외에도 중독 상태에서 일어나게 되는 부적절한 행동 그로 인해 고립된 생활양식, 타인과의 갈등, 대인관계 문제가 생긴다.

3) 펜시클리딘 및 환각제 중독

《DSM-5-TR 정신질환의 진단 및 통계 편람》에 따르면, 최근 환각제 사용으로 인해 사용하는 동안 혹은 직후에 현저한 문제적 행동 변화 및 심리적 변화가 발생하였고, 다음의 증상 중 2가지 이상이 나타났다면 '환각제 중독'으로 진단된다(환각제와 펜시클리딘은 행동 및 심리적 변화와 나타나는 증상이 다르다).

	펜시클리딘중독	환각제 중독
신체, 심리적 변화	호전성, 공격성, 충동성, 예측불가능성, 정신운동 초조, 판단력 손상 등	심각한 불안, 심각한 우울, 관계사고, 정신을 잃을 것만 같은 두려움, 편집성 사고(타인에 대한 과도한 편견, 의심), 판단력 손상
징후 증상	1. 수직적 또는 수평적 안구진탕 2. 고혈압 혹은 빈맥 3. 감각이상 또는 통증에 대한 반응감소 4. 실조 5. 구음곤란 6. 근육경직 7. 발작 또는 혼수 8. 청각과민	1. 동공산대 2. 빈맥 3. 발한 4. 가슴 두근거림 5. 눈이 침침함 6. 떨림 7. 운동실조

3장 마약류중독

펜시클리딘(혹은 이와 약리학적으로 유사한 물질)은 사용 후 한 시간 이내에 위와 같은 증상이 나타난다. 하지만 이를 흡입, 흡연, 정맥 등으로 투여하였다면 증상은 그보다 빠르게 나타날 수 있다.

   환각제(펜시클리딘 제외)를 사용하는 동안 또는 그 직후에 완전히 깨어 의식이 명료한 상태에서 지각적 변화가 나타난다. 예를 들어 주관적 지각이 강화되며, 이인증, 비현실감, 착각, 환각, 공감각 등을 경험한다.

   펜시클리딘을 포함한 모든 환각제 중독의 징후 혹은 증상은 다른 의학적 상태로 인한 것이 아니며, 다른 물질중독을 포함한 다른 정신질환으로 설명되지 않는다.

4) 환각제 지속성 지각장애

   환각제 중독 기간 동안 경험했던 지각적 증상(플래시백)을 재경험하는 경우이다. 지각적 증상에는 기하학적 환각, 주변 시야에서의 움직임에 대한 잘못된 지각, 색채의 섬광, 강렬한 색감, 양성적인 잔상, 대상 주위의 후광, 미시증, 거시증 등이 있다. 이러한 경험들은 여러 달이 지나면 약화되나 때로는 5년간 지속되는 경우가 있어 위험하다.

4. 자극제

　자극제(Stimulant)는 뇌의 활동을 증가시키고 일시적으로 경계심, 기분, 의식을 향상시킬 수 있는 일종의 정신활성물질이다. 여기서 다루게 될 자극제는 암페타민과 그와 유사한 영향을 미치는 자극제 '메틸페니데이트' 및 코카인을 포함한다. 또한 암페타민류 물질이 코카인의 효과와 유사한 점에 있어서 암페타민 관련 장애 그리고 코카인 관련 장애는 '자극제 관련 장애'로 분류하고 있다. 앞서 환각제에서 다뤘던 MDMA 즉, 엑스터시의 경우 자극제와 환각제의 영향을 둘 다 미치고 있다.

　암페타민과 기타 자극제는 비만, 주의력결핍 과잉행동장애(ADHD), 기면증의 치료를 위한 약물로 쓰이며 의사의 처방을 통해 구할 수 있다. 이러한 자극제는 불법 시장으로 흘러가는 루트가 될 수 있다.

1) 자극제의 종류

메틸페니데이트
　메틸페니데이트(Methylphenidate)는 중추신경계를 자극하여 집중력 조절, 각성을 향상시키는 약물이다. 도파민이라는 신경전달물질이 신경말단에서 분비되어 신호를 전달한 후, 재흡수해 재사용되는 과정에서 재흡수를 막아, 결과적으로 도파민의 작용을 강화함으로써 집중력과 각성을 높인다. 이 때문에 정신자극제 또는 자극제로도 불리며 향정신성의약품으로 분류된다.

주의력결핍/과잉행동장애(ADHD: Attention Deficit Hyperactivity Disorder)는 도파민의 저하가 그 원인으로 꼽히고 있는데, 메틸페니데이트가 도파민을 강화시키는 효과를 지닌 점에서 ADHD의 주의력 개선제로 사용되고 있다. 그 효과는 즉각적이고 강력하다고 알려져 있다.

신체적 부작용으로는 두통, 복통, 불면증, 식욕감소로 인한 체중감소, 구강건조, 오심, 피부발진, 빈맥 등이 있다. 또한 정신적 부작용으로는 불안, 우울, 초조, 신경과민, 긴장, 공격성, 어지러움 등을 나타내기도 한다. 주의할 것은 심장질환을 지닌 사람들은 이러한 약물이 금기되고 있다. 또한 환각, 망상성 사고, 조증 등의 정신질환을 발생시키거나 기존 정신질환을 지닌 이들의 증상 악화를 유발시킬 수 있다는 것이다.

치료 약물로 사용되어야 할 메탈페이를 마치 '주의력 향상에 도움 되는 약', 혹은 '공부 잘하는 약', '머리 좋아지는 약' 등으로 오인하여 일반 학생들에게 사용되는 경우가 있다. 만약, 정상적인 학생들이 성적 향상을 위한 목적으로 이를 오남용할 경우 두통, 불안감의 부작용이 나타나며 심각한 경우 환각, 망상, 자살 시도 등이 나타날 수 있다. 따라서 의학적 지도하에 사용되어야 하며, 오남용되어서는 안 된다.

코카인

코카인(Cocaine)은 남미의 코카관목의 잎에서 발견한 향정신성약물 중 하나로 강력한 흥분제이다.

기원전 5000년경, 남아메리카의 페루에서 원주민들이 처음 사용한 것으로 알려져 있다. 코카인의 원료인 코카나무는 볼리비아, 페루, 칠레 등 고지대에서 자라는데, 그 잎사귀에서 나오는 알칼로이드가 바로 코카인이다. 페루의 원주민들은 코카나무의 잎을 피로 회복이나 배고픔을 잊게 하는 용도로 사용하였다.

1860년 독일 괴팅겐대학교의 화학자 알베르트 니만(Albert Niemann)이 코카나무의 잎에서 순수한 코카인을 추출하였다. 당시에는 코카인의 마비효과를 수술에 필요한 국소마취제로 이용하였다. 이후 정신분석학의 아버지 지그문트 프로이트(Sigmund Freud)가 코카인이 중추신경계에 작용하는 생리적 효과에 흥미를 가지게 되면서 이를 모르핀중독 치료의 일환으로 사용하려 했다가 도리어 본인과 주변인들이 중독에 빠지게 드어 버렸다.

코카인은 「1961년 마약에 관한 단일협약」에서도 마약으로 규정하였으며, 이는 의학용으로 사용되지 않는다. 중추신경 흥분제에 속하는 마약류로 미국정신의학회에서도 뇌를 자극하는 약물인 '자극제'로 보고 있다.

코카인은 순도와 작용 시간에 차이가 있어 효과가 다른 형태로 소비되며, 예를 들어 코카 잎, 코카 반죽, 코카인 염산염, 크랙(코카인 알칼로이드) 등이 있다. 코카인 염산염 가루(크랙)는 점막에 빠르게 흡수되기에 코로 흡입하여 사용된다. 이외에도 물에 녹여 주사제로 정맥에 투여한다. 코카인이 체내에 흡수되면 이상황홀감, 행복감, 각성상태에 돌입하게 되며, 효과의 지속시간은 5~30분 정도로 매우 짧다. 하지만 빠른 시간 내에 각성효과와 강력한 도취감을 갖게 된다.

이러한 각성효과를 일으키는 코카인으로 인해 불면증에 빠지기도 한다. 계속적으로 고양감을 원하는 것에서 반복해서 사용한다. 약효가 떨어지기 시작하면서 불안감을 느껴 반복적으로 코카인에 손대게 된다. 이렇게 정신적으로 코카인에 대해 의존하게 되면서 점차 중독이 되는 것이다.

코카인이 점막에 흡수가 잘된다고 하였는데, 이렇게 반복적으로 흡입하게 되면 흡수되는 점막 부위에 괴사가 일어날 수 있으며, 이를 '비중격(좌우 코안의 경계를 이루는 연골 벽) 괴저'라 한다.

중추신경계를 흥분시키고 교감신경을 긴장시키는 코카인의 효과는 혈관수축을 야기하게 된다. 혈관수축은 인간의 몸에 혈액이 원활한 공급을 방해하여 손가락, 발가락, 장, 척수 등의 허혈을 일으키고 시간이 흘러 그 조직들은 괴사될 수 있다. 게다가 혈관수축이 심장에 영향을 미쳐, 악성고혈압이 유발되기도 하고, 폐출혈, 뇌출혈 등이 일어날 가능성이 있다. 이외에도 기침과 흉통과 같은 호흡기 증상, 두통, 급성 폐부종이 나타날 수 있다.

2) 자극제사용장애

미국정신의학회가 발간한 《DSM-5-TR 정신질환의 진단 및 통계 편람》의 진단기준에 의하면, 현저한 손상 또는 고통을 가져다주는 암페타민류 물질, 코카인 또는 기타 자극제 사용으로 인해 다음의 항목 중 최소 2개 이상이 나타난다면 '자극제사용장애'로 진단된다.

자극제사용장애 진단기준

1. '자극제'를 흔히 예상했던 것보다 더 많은 양 또는 오랜 기간 사용한다.
2. '자극제' 사용을 줄이거나 조절하려는 지속적인 욕구가 있다. 줄이거나 지속적인 노력을 기울이지만 매번 실패한다.
3. '자극제'를 구하거나 사용하고 그 효과로부터 회복하는 데 많은 시간을 허비한다.
4. '자극제'에 대한 갈망이나 강렬한 욕구를 지닌다.
5. 반복적인 '자극제' 사용으로 인해 직장, 학교나 가정에서의 주된 역할 의무를 수행하지 못한다.
6. '자극제'의 영향에 의해서 초래되거나 악화되는 사회적 또는 대인관계적 문제가 반복됨에도 불구하고 지속적으로 '자극제'를 사용한다.

3장 마약류중독

7. '자극제'로 인해서 중요한 사회적, 직업적 또는 여가 활동을 포기하거나 줄인다.
8. 신체적 위험이 존재하는 상황에서도 반복적으로 '자극제'를 사용한다.
9. '자극제'에 의해서 초래되거나 악화될 수 있는 지속적인 신체적 또는 심리적 문제가 있음을 알면서도 '자극제' 사용을 계속한다.
10. 내성은 다음 중 하나로 정의된다.
    (1) 중독이 되거나 원하는 효과를 얻기 위해서 현저하게 증가된 양의 '자극제'가 필요하다.
    (2) 같은 양의 '자극제'를 지속적으로 사용함에도 현저하게 감소된 효과가 나타난다.
11. 금단은 다음 중 하나로 나타난다.
    (1) '자극제'의 특징적인 금단증후군

만약 위의 기준에서 2~3개에 해당하면 경도, 4~5개의 증상이 있다면 중등도, 6개 이상의 증상이 있다면 고도로 진단된다.

여기서 주의할 것은 자극제의 내성과 금단의 진단기준은 주의력결핍, 과잉행동장애나 기면증에 쓰이는 치료 약물과 같이 적절한 의학적 감독하에 사용되는 경우에는 자극제사용장애로 진단되지 않는다.

암페타민류 물질이나 코카인에 노출될 경우, 대부분 일주일 내로 자극제사용장애로 발전할 수 있어 주의해야 한다. 투여 방식(흡입, 주사제)에 상관없이 반복된 사용으로 내성이 생길 수 있다. 금단증후군, 특히 과다수면, 식욕증가, 불쾌감이 생길 수 있으며 이러한 금단증상으로 인하여 자극제를 더욱 갈망하게 되는 결과로 이어지게 된다. 환자들의 대부분이 이러한 내성과 금단을 경험하고 있다.

암페타민류 물질은 코카인에 비해 긴 작용 시간을 가지기에 하루에 사용하는 횟수가 적다. 하지만 고용량 흡입하거나 경구 또는 정맥 내로 투여할 경우, 공격적이고 폭력적인 행동이 자주 일어나게 된다. 특히, 불안이 강하게 일시적으로 나타나는 것은 공황장애 또는 범불안장애와 유사하다. 게다가 고용량의 자극제에서는 타인에 대해 편견 혹은 강하게 의심하는 '편집성 사고'와 조현병 증상을 나타내기도 한다.

3) 자극제 중독

암페타민류 물질, 코카인 그리고 기타 자극제를 반복적으로 사용하면 자극제에 중독이 된다. 그리고 이러한 자극제를 사용하는 동안 또는 그 직후에 문제적 행동 변화 및 심리적 변화가 현저하게 발생하게 되는데, 예를 들어 사회성이 변화되거나, 과다하게 경계하거나, 대인관계에서 민감성을 보이고, 여러 정서(고양감, 다행감, 불안, 긴장, 분노 등)를 나타내며, 판단력 손상 등을 나타낸다.

자극제의 증독증상은 사용하는 동안, 직후에 다음의 2가지 이상의 증세가 나타난다면 이는 자극제에 중독되었다고 볼 수 있다.

자극제 중독 증상
1. 빈맥 또는 서맥(심장 박동이 너무 빠르거나 느린 상태)
2. 동공확장
3. 혈압의 상승이나 저하
4. 발한 또는 오한
5. 오심 또는 구토
6. 체중감소
7. 정신운동 초조 또는 지연
8. 근육약화, 호흡억제, 흉통, 심부정맥
9. 혼돈, 발작, 운동이상, 근육긴장이상 또는 혼수

 이러한 자극제 중독의 증상 및 징후는 다른 의학적 상태로 인한 것이 아니어야 한다. 자극제 중독에 의해 환청과 편집성 사고(편견, 의심)가 두드러지게 나타나는데, 조현병도 이와 같은 증상을 나타낸다. 조현병과 같은 정신질환 등은 자극제 중독과 구별되어 진단된다.

 주의할 것은 자극제의 금단 진단기준은 주의력결핍, 과잉행동장애나 기면증에 쓰이는 치료 약물과 같이 적절한 의학적 감독하에 사용되는 경우에는 금단으로 진단되지 않는다.

4) 자극제 금단

 오랜 기간 동안 자극제 복용(고용량)을 지속하다가 갑작스럽게 사용을 줄이거나 중단한 후, 수일 내에 다음과 같은 금단증상이 나타난다면 자극제 금단으로 진단한다.

자극제 금단증상
1. 피로
2. 꿈이 생생하고 불쾌함
3. 불면 또는 과다수면
4. 식욕증가
5. 정신운동 지연 또는 초조

이러한 금단증상으로 인해 사회적, 직업적 또는 다른 중요한 기능 영역에서 현저한 고통 또는 손상을 초래한다. 주의할 것은 금단증상이 다른 의학적 상태로 인한 것이 아니어야 하며, 다른 물질중독 및 금단을 포함한 다른 정신질환으로 더 잘 설명되어서는 안 된다.

마약류에서 자극제에 대해 알아보았으며, 자극제사용장애, 중독, 금단증상으로 인해 사회적, 직업적, 주요 영역들에서 고통을 받고 있다면 해독제를 통해 증상을 완화시키고(약물치료), 상담을 받기를 바란다.

5.
아편계

아편(Opium)은 마약성진통제의 총칭으로 양귀비라는 식물에서 채취된 진통효과를 지닌 물질로서 의존과 중독 현상을 나타내는 대표적인 마약이다. 영화 〈다크나이트〉에서 조커 역을 맡았던 '히스레저'는 우울증으로 마약성진통제인 아편을 남용하다 사망하였다.

또한 역사에 대해 관심을 갖는 이들은 아마 '아편'이라는 단어를 본다면 19세기 일어났던 역사상 가장 부도덕한 전쟁으로 인식되고 있는 '아편전쟁'을 떠올리지 않을까 싶다.

아편전쟁

중국의 차에 길들여져 버린 영국인들은 무역적자를 메꾸고자 아편 판매를 선택하였다. 영국은 중국 몰래 18세기서부터 밀수출을 시작하였다. 1729년 옹정제 초기에 아편 금지령이 내려졌으나, 19세기에 이르러 아편 수요는 급증하였다. 당시 중국의 지방 관리들은 부패하였고, 중앙 정부도 어수선하였기에 삶이 힘겨웠던 중국 국민들은 아편의 잠재적인 수요자가 되어, 현실의 쾌락이나 고통으로부터 도피하기 위한 방편으로 아편을 피우기 시작한 것이다. 이러한 아편은 한번 중독되면 쉽게 끊을 수 없고 죽을 때까지 피우는 강력한 마약이기에 중국은 이후에도 여러 차례 금지령을 내렸으나 통하지 않았다.

산업혁명 이후 영국은 무역적자를 해소하기 위한 방편으로 아편을 선택했고, 인도의 벵갈 지방에서 아편을 재배해 상인을 통해 중국 근해로 운반하였고 쾌속 범선이 등장하면서 항해 시간은 더욱 짧아져 더 많은 양의 아편을 중국에 밀수출할 수 있게 되었다. 중국은 그 방책으로 임칙서를 특사로 파견해 아편 무역을 금지시켰다. 외국 상인들에게 남은 아편을 관청에 넘겨 아편을 판매하지 않겠다는 서약서를 제출하도록 하였으나, 당시 외국 상인들은 다른 관리들처럼 아편을 뇌물로 매수하면 될 것으로 판단하였다. 임칙서의 아편 몰수는 이후 아편전쟁의 빌미가 되었다.

아편은 영어로 'Opium'이라 하며, 어원은 식물즙을 뜻하는 그리스어 Opos 및 양귀비의 즙액을 뜻하는 Opion으로 보고 있다.

아편은 양귀비 열매에서 추출한 것이다. 양귀비 열매인 타원형의 삭과는 꽃자루 끝의 블록한 부분에 달려 있다. 양귀비에선 모르핀 등의 알칼로이드를 많이 함유한 라텍스를 얻을 수 있다. 라텍스는 삭과가 초록색에서 연한 노란색으로 변해 갈 무렵 건조한 날에 채취한다. 라텍스는 공기와 접촉하면 딱딱해진다. 삭과에 칼집을 내어 라텍스가 스며 나오게 만들고 하루가 지난 다음 긁어모아 단단한 반죽으로 뭉쳐 손으로 주무른 후 이를 햇빛에 말리면 아편이 되는 것이다. 양귀비 줄기에서는 고르핀을 추출하는데, 이는 아편 대용으로 흡연된다. 양귀비는 사람을 진정하게 만드는 성분을 갖고 있어 중앙아시아, 중앙유럽 등의 양귀비 재배 지역에서는 이를 달여 탕약으로 먹기도 한다.

아편은 주로 인도, 튀르키예, 유고슬라비아, 파키스탄에서 재배, 제조되며, 전 세계의 생산량은 약 100만 kg으로 알려져 있다.

3장 마약류중독

아편류는 만드는 방식에 따라 광범위하다. 아편과 유사한 화학적 성분을 지니거나 효과를 나타내는 물질을 아편류라 일컫는다. '모르핀 같은 천연 아편류', '헤로인 같은 반합성-아편류', '코데인, 부프레노르핀, 메타돈 등과 같이 모르핀과 유사한 작용을 하는 합성 아편류' 등 이러한 모든 아편류를 '아편양 제제(Opoid)'라 부른다.

1) 아편계 종류

모르핀

모르핀(Morphine)은 아편의 주성분으로 마약성진통제이다. 이는 생아편을 물과 석회를 혼합한 액체에 넣고 가열한 다음 염화암모늄을 첨가한 결과 생겨난 침전물이 모르핀이다.

1805년 독일의 약학자 제르튀르너(F. Sertrner)가 아편에서 분리한 것으로 그리스 신화 꿈의 신 '모르페우스(Morpheus)'의 이름에서 아이디어를 얻어 '모르피움(Morphium)'으로 지었다.

약학용어사전에 따르면 모르핀은 중추신경계에서 통증 자극을 전달하는 신경전달물질의 분비를 억제하여 진통효과를 나타낸다고 한다. 이는 아편의 거의 10배에 달하는 진통효과를 갖고 있는 것으로 알려져 있다. 이러한 강한 진통효과를 수술 전 진정을 위한 전신마취의 보조, 심한 급성 또는 만성 통증의 완화를 위해 의료용으로 사용되고 있다. 과거 전쟁 부상자들의 통증경감제 및 치료제로 큰 효과를 보아 '신비의 영약'으로 불리기도 하였다. 모르핀의 중독성은 암 투병 중에 모르핀 주사를 맞던 환자가 암에서 회복된 이후 자신도 모르는 새 모르핀에 중독되는 경우도 있다.

약물은 입으로 복용할 경우, 위와 간 등에서 유독 성분이 걸러지게 되는데, 이러한 인체의 자연스러운 방어체계의 간섭 없이 주사를 통해 혈액과 피하지방 조직에 직접 투여함으로써 그 효과는 더욱 증가된다. 결국, 모르핀의 중독성과 주사제 그리고 무분별한 남용이 모르핀중독으로 이끄는 것이다. 이후, 곧바로 소개될 '헤로인(모르핀의 3배)'이 세상에 나타나면서 모르핀의 남용 빈도는 줄어들게 되었다.

헤로인

헤로인(Heroin)은 1874년 영국의 화학자 라이트(C. R. A. Wright)가 최초로 합성하였고, 1898년 독일 의약품 회사 바이엘사에서 하인리히 드레서(Heinrich Dreser) 박사가 모르핀중독치료 및 기침, 천식, 기관지염을 치료할 목적으로 헤로인을 개발하여 판매하였다. 그는 헤로인의 진통과 진해 기능이 결핵에 특효라며 '영웅적인(Heroic)' 치료제라고 추천하였다. 초기만 하더라도 헤로인이 모르핀의 금단증상을 없애 주고 강력한 진통작용을 하기에 매우 획기적인 약물로 여겨졌으나, 헤로인의 강력한 의존성과 부작용은 개발 후 12년 뒤에 알려지게 되었다. 듣기야 1913년에는 모르핀의 생산이 중단되었고, 사용 또한 금지되었다. 헤로인은 약리학적으로 모르핀과 동일하나, 모르핀보다 효과가 더 빠르고 강하게 나타난다.

헤로인은 보통 무색으로 순도와 정제 기술에 따라 색깔이 다양하다.

헤로인은 모르핀을 아세틸염화물로 화학처리한 다음 알칼리 용액으로 세척하고 다시 알코올로 결정화하여 추출하는 것이다. 헤로인은 결정화된 분말이기에 물이나 알코올에 쉽게 용해된다. 2개의 아세틸기를 더하여 만들어진 합성물이라 다른 말로 디아세틸모르핀(Diacetylmorphine)이라고 부르기도 한다.

헤로인은 주로 종이에 싸서 흡입제로 이용된다. 코로 흡입할 경우 코점막의 염증을 초래하며, 심한 경우 코의 연골을 녹여 코 벽에 구멍이 뚫리기도 한다.

대부분 물에 용해하여 가열한 뒤 주사액으로 만들어 인체에 주사하는데, 인체에 주사할 시 불과 몇 초도 채 지나지 않아 효과가 나타나기 시작한다. 처음에는 폭발적인 쾌감을 느끼게 되며, 경험자들에 따르면 이는 성교 시의 오르가즘과 유사한 느낌을 준다고 한다. 그다음에는 복부에서 따뜻한 기운이 발생하여 온몸으로 퍼져 나가면서 피로감을 비롯해 자신을 억누르던 수많은 감정과 기억들이 사라지는 듯한 몸과 마음의 평안함을 가져다준다고 한다. 이러한 효과는 3~4시간 정도 지속되며 이후에는 극심한 금단증상이 나타나는데, 이를테면 불안과 우울 등의 정신적 증상, 발한, 구토, 설사, 식욕부진 등의 신체적 증상 등이다. 금단증상을 겪은 사용자는 더 많은 헤로인을 갈구하다 치사량을 투여하게 되고 1~12시간 내에 사망하게 된다.

미국립약믈남용연구소(NIDA)에 따르면, 이러한 헤로인의 금단증상을 완화시키기 위하여 아편류를 이용한 대체요법이 시행되는데, 뒤에 소개될 부프레노트핀, 메타돈이 대체요법으로 사용되고 있다. 하지만 두 약둘에서도 오피오이드중독 헌상이 나타나기에 마약류로 분류되고 있다.

코데인

코데인(Codeine)은 알칼로이드 약물로 아편에서 추출되거나 모르핀의 O-methylation에 의해 합성된 것이다. 드한 무색무취의 백색결정체로 쓴맛이 나는 것이 특징이다. 미국에서는 길거리 마약으로 변질되어 '스쿨보이', '팝스'로 불리고 있다.

코데인은 생아편에 약 0.5~2.5% 정도 포함되어 있는 아편 추출물이다. 이는 1932년 프랑스의 약사 피에르 장 로비케(Pierre-Jean Robiquet)가 아편에서 처음 추출하였다. 코데인은 주로 중추의 μ-아편 수용체에 결합하여 중추억제작용에 의해 비교적 효과적인 진통 및 진해효과를 나타낸다.

특히 통증완화 또는 기침을 치료하는 데 효과적이어서 기관지염, 인두염, 후두염, 기관지천식, 기타 호흡기 질환에 동반되는 기침, 폐결핵, 신경통, 듣경련통 등의 진통제와 지사제로 사용된다. 모르핀, 헤로인중독을 치료하기 위한 약물치료요법에 사용되기도 한다. 하지만 중추신경계에 작용하여 남용할 경우 중독될 수 있다.

코데인은 간에서 Cytochrome P450 2D6(CYP2D6)에 의해 5~15%가 모르핀으로 대사된다. 하지만 개인마다 대사효소의 차이로 인해 생겨나는 반응이 다르기 때문에, 효소가 결핍된 사람은 진통작용이 나타나지 않을 수 있다. 반대로 빠른 대사능력을 가지거나 초고속 대사능력을 가졌다면 모르핀의 형성이 빨라 중대한 이상반응(얕은 호흡, 혼동, 불면, 동공축소, 변비, 식욕부진 등) 또는 아편류에 의한 독성이 증가할 수 있다.

일본 의약품의료기기종합기구(PMDA: Pharmaceuticals and Medical Devices Agency)와 캐나다 연방보건부(HC: Health Canada)에 따르면 CYP2D6 초고속 대사자에 해당하는 코데인의 대사산물인 모르핀의 혈중 농도 상승의 부작용 위험성과 아이에게 수유할 때에 모유로 이행되어 모유에 모르핀의 농도가 높아질 수 있다는 사실이 밝혀졌다.

이처럼 CYP2D6 초고속 대사자(Ultra-rapid metabolizer)에 해당하는 사람의 경우 일반적인 용량이더라도 생명을 위협할 수 있는 치명적인 부작용이 발생할 수 있다. 이외에도 부작용으로 흔하지는 않지만, 전신 두드러기 및 피부이상 반응을 보일 수 있다.

부프레노르핀 - 아편계 치료제

부프레노르핀(Buprenorphine)은 헤로인에 대한 금단증상을 완화시키기 위해 사용되는 아편양 제제의 하나로 보통 경구 또는 설하(혀 아래)로 처방되는 약물이다. 미국정신의학회에서는 부프레노르핀이 아편 효현제와 길항제 효과를 모두 갖고 있어 아편계에 포함시키고 있다. 특히 효현제의 특징이 저용량에서 고전적인 아편 효현제와 유사한 생리적 행동적 효과를 보이고 있기 때문이다.

1966년 경국에서 합성되었다. 1978년 미국의 의사 도널드 R. 제진스키(Donald R. Jasinski)의 연구를 통해 부프레노르핀이 아편류 대체요법에 효과적임이 밝혀졌다.

모르핀의 25~40배 정도로 강력하고 진통 지속시간은 20~25시간으로 길 뿐만 아니라 의존성 형성이 적고, 내성 위험이 없으며, 순환계에 대한 영향이 적다. 게다가 심리적 부작용 이를테면 불쾌한 정신증상이 거의 나타나지 않는다. 또한 동물을 대상으로 한 실험을 통해 중독증상이 미약하다는 것이 밝혀졌다. 여느 아편류 물질과 마찬가지로 두통, 수면장애, 과흥분활한, 오심, 호흡억제 등의 부작용을 갖고 있다.

치료 목적으로 권장량의 부프레노르핀은 위험성이 적으나, 이를 오용한다면 급성간염, 식욕부진, 바이러스성 감염(C형 간염)을 유발한다.

메타돈 – 아편계 치료제

메타돈(Methadone)은 헤로인에 대한 금단증상을 완화시키기 위해 사용되는 아편양 제제의 하나로 모르핀 유사 합성 제제이다.

메타돈은 경구투여 시 효과가 상당히 오래 지속되고, 이전까지 모르핀으로 유지 치료를 받아 온 환자들도 성공적으로 치료할 수 있었으며, 이러한 치료법은 금단증상 없이 거의 무한정 지속시킬 수 있는 이점을 갖고 있다. 이러한 대체요법은 중독환자들이 성공적으로 치료되어 사회에 재적응할 수 있도록 하였다. 만약 메타돈을 이용한 중독 장기 치료를 받다가 중단하면 헤로인과 같은 아편계 금단증상을 보이게 되나, 헤로인보다 작용 시간이 더 길기 때문에 시간적으로 비교해 보면, 더 늦게 나타난다.

제2차 세계대전 당시 히틀러 치하의 나치 독일에서 당시 구하기 힘든 아편류의 진통제를 대체하기 위해 개발하였으며, 이는 1946년부터 사용되었다. 1962년 대사질환 전문의 빈센트 돌(Vincent P. Dole)이 정신과 전문의 마리 니스윈더(Marie Nyswander), 메리 잔느 크릭(Mary Jeanne Kreek)과 함께 아편류 유지 치료 전담 연구팀을 창설했다. 이들은 헤로인중독 대체요법 가능성에 대해 최초로 과학적 연구 결과를 발표했다.

그렇게 메타돈을 이용한 헤로인중독치료는 1960년대 초반부터 시작되었고, 이후 폭발적인 인기를 끌었다. 하지만 메타돈 또한 의존적인 2차 중독의 위험 때문에 마약 문제를 근본적으로 해결하는 것이 아니라 의존자를 통제된 중독자로 만들어 평생 중독자로 살아가게 만든다는 비판도 있다.

1971년 미 연방정부에서는 범죄율을 줄이기 위한 시도로 메타돈 사용을 허가하는 정책을 도입하였고, 이후 1973년 8만 명 이상의 사람들이 매일 메타돈을 사용하게 되었다. 하지만 정신건강검진 자격을 갖춘 전문 인력이 부족할 뿐만 아니라 예산 삭감으로 인해 많은 이들이 메타돈을 치료 외의 목적으로 사용하였고 이는 메타돈에 대한 부정적 여론이 형성되었다. 하지만 메타돈이 주는 이점과 치료 효과가 높은 것에서 여러 국가들드 미국을 벤치마킹하여 이를 대체요법으로 도입하는 결과로 이어졌다.

한편 메타돈의 안전성은 논란의 대상이 1970~1980년대에 약물 과용으로 인한 사망원인 중 대부분이 메타돈에 의한 것이었다. 이는 불법 거래 유통된 다른 물질과 혼합된 것이긴 하였으나 메타돈도 모르핀, 헤로인과 마찬가지로 아편양작용제로서 약리학적 기능이 있어 중독 현상을 초래하기도 하며, 아편의 효과 및 부작용이 나타난다. 이를테면 진정효과, 진통효과, 진해효과를 발휘한다. 또한 구토, 호흡저하, 변비, 성욕 변화, 구강건조, 변비, 배뇨통, 과잉발한, 혈압강하, 가려움증 등의 원인이 될 수 있다.

아편계는 진통제, 마취제, 설사억제제, 기침억제제, 기타 의학적 목적인 경우에만 법적으르 허용된다. 이러한 목적을 제외하고 쾌락을 얻기 위해 흡입, 주사를 통한 남용은 불법이다.

2) 아편계사용장애

미국정신의학회에서 발간한 《DSM-5-TR 정신질환의 진단 및 통계 편람》에 따르면, 아편 사용으로 인해 법적 문제, 부적응적 사건이 반복적으로 일어나고 이러한 현저한 손상 혹은 고통을 초래함에도 아편 사용 양상이 지난 12개월 이내에 다음 중 2가지 이상이 나타난다면 '아편계사용장애(Opoid Use Disorder)'로 진단한다.

아편계사용장애 진단기준

1. '아편계'를 흔히 예상했던 것보다 더 많은 양 또는 오랜 기간 사용한다.
2. '아편계' 사용을 줄이거나 조절하려는 지속적인 욕구가 있다. 줄이거나 지속적인 노력을 기울이지만 매번 실패한다.
3. '아편계'를 구하거나 사용하고 그 효과로부터 회복하는 데 많은 시간을 허비한다.
4. '아편계'에 대한 갈망이나 강렬한 욕구를 지닌다.
5. 반복적인 '아편계' 사용으로 인해 직장, 학교나 가정에서의 주된 역할 의무를 수행하지 못한다.
6. '아편계'의 영향에 의해서 초래되거나 악화되는 사회적 또는 대인관계적 문제가 반복됨에도 불구하고 지속적으로 '아편계'를 사용한다.
7. '아편계'로 인해서 중요한 사회적, 직업적 또는 여가 활동을 포기하거나 줄인다.
8. 신체적 위험이 존재하는 상황에서도 반복적으로 '아편계'를 사용한다.
9. '아편계'에 의해서 초래되거나 악화될 수 있는 지속적인 신체적 또는 심리적 문제가 있음을 알면서도 '아편계' 사용을 계속한다.
10. 내성은 다음 중 하나로 정의된다.
    (1) 중독이 되거나 원하는 효과를 얻기 위해서 현저하게 증가된 양의 '아편계'가 필요하다.
    (2) 같은 양의 '아편계'를 지속적으로 사용함에도 현저하게 감소된 효과가 나타난다.

11. 금단은 다음으로 나타난다.
   (1) '아편계'의 특징적인 금단증후군

아편계 남용의 경우, 아편계 사용으로 인해 불법적인 아편계 거래와 법적인 문제가 생기며, 중독된 상태에서 가택침입, 절도, 장물취급, 위조, 사고 등의 불법적인 행동으로 인해 법적 문제가 빈번하게 발생한다(아편계 의존에 비해 아편물질을 적게 사용하고 심각한 내성과 금단증상이 일어나지 않는다).

아편계로 유발된 장애는 '아편계 중독'과 '아편계 금단'으로 나뉜다.

3) 아편계 중독

아편계 사용 도중, 직후에 발생하는 심각한 부적응적 행동 변화 또는 심리적 변화가 나타나는 경우이다. 아편계 중독으로 진단되려면 아편계를 사용 도중, 직후에 '동공축소'와 함께 다음과 같은 증상이 한 가지 이상 나타나야 한다.

아편계 중독 증상
1. 졸림 또는 혼수
2. 불분명한 발음
3. 집중력장애, 기억력장애

아편계 의존이 있는 이들의 경우 아편에 대해 매우 강한 내성을 지닌다. 그렇기에 아편계 사용을 중단할 경우 매우 심한 금단증상을 경험한다. 아편계에 의존된 사람들의 일상생활은 아편물질을 얻고 투약하는 일로 이루어지는 경우가 대부분이다. 이들은 보통 불법적인 비밀거래 선을 통해 구하거나 자신의 신체적 문제를 조작하고 과장해서 의사로부터 구입한다. 한편 건강관리 직종에 종사하는 이들에게서 아편계 의존이 나타나는 경향이 있는데 스스로 처방하거나 다른 환자의 것을 빼돌리고, 제약 공급자로부터 직접 구하는 방법들을 통해 아편계를 얻는다.

4) 아편계 금단

아편을 지속적으로 사용하다가 중단하거나 사용량을 줄였을 때 특징적인 금단증후군이 나타나는 경우이다. 다음 증상 중 3개 이상이 나타날 때, 아편계 금단이라고 진단된다.

아편계 금단 증상
1. 불쾌한 기분
2. 오심 또는 구토
3. 근육통
4. 눈물을 흘리거나 콧물을 흘림
5. 동공산대, 입모(털이 일어남) 또는 발한
6. 설사
7. 하품
8. 발열
9. 불면증

헤로인과 같은 반합성약물, 단기반응성약물에 의존된 이들은 6~12시간 이내에 금단증상이 발생한다. 보통은 1~3일에 절정을 이루고 5~7일에 걸쳐 점차적으로 완화된다고 한다. 불안, 불쾌감, 무쾌감증, 불면증 등의 만성증상들은 수 주에서 수개월 동안 지속될 수 있으며, 이러한 증상의 심각도는 아편계를 얼마 동안 사용하였느냐에 따라 달라질 수 있다. 특히 치료를 목적으로 장기간 아편계를 사용했던 환자들의 경우, 약을 서서히 줄여 감으로써 금단증상을 최소화할 수 있다.

아편계의 유병률은 정확히 알려지지 않았다. 아편에 대한 의존은 어느 연령에서나 시작될 수 있으며, 보통 10대 후반, 20대 초반에서 가장 흔하게 나타난다고 한다. 의존이 나타났다면 대개 몇 년 이상 지속되고, 이를 중단하였어도 재발 가능성이 높아 사후관리가 필요하다. 아편에 관한 연구들에 따르면 아편을 사용하는 사람들은 불안 혹은 우울 등의 부정적 감정에 대처하지 못하고 부적응적인 대처양식으로 아편에 의존하며, 이러한 사람들이 대게 수동적이고 자기애적 성격을 지녔다고 한다. 즉, 아편은 쾌락적 감각 추구보다는 부정적 감정을 회피하기 위한 수단으로 사용되는 것이다.

6. 흡입제

사례

아파트 단지 앞 주차된 차 내에서 스프레이를 흡입하던 A 씨가 현행범으로 체포됐다.

차량 운전석 내에서 A 씨가 호흡곤란 증상을 보인다는 신고에 의해 경찰이 출동된 것이다. 경찰은 차량 운전석 문을 열어 정체불명의 스프레이를 흡입하는 A 씨를 발견하였고 그를 제지하였으나, 경찰의 제지에 멈추지 않고 그는 끝까지 '치익' 하는 소리를 내며 가스를 흡입하였다. 경찰은 A 씨를 현행범으로 체포한 뒤 화학물질관리법위반 혐의로 검찰에 송치했다.

그가 흡입하던 스프레이는 무엇이었을까?

경찰에 따르면 그가 흡입하던 정체불명의 스프레이는 '아산화질소'로 밝혀졌다.

아산화질소는 전문의약품으로 해리성마취효과(환각작용)가 있는 의료용 가스이다. 기체를 마시면 웃음이 나오고 몸이 붕 뜬 것 같은 느낌을 주는 데다 일시적으로 근육을 마비시켜 '웃음 가스'로 불린다. 실제 병원에서 아산화질소와 산소의 비율을 조절하는 자동화 마취 기계를 통해 이용되고 있다. 출산, 수술, 심장발작 시에 고통을 줄이기 위하여 아산화질소를 흡입하기도 한다.

하지만 아산화질소는 액화된 압축기체로 질식 가능성이 있을 뿐만 아니라 위험요소를 갖고 있다. 자주 오용할 경우, 걷기 불안정, 기분 및 기억력 문제, 수면 불규칙, 심장 증상, 혈압감소, 뇌혈류감소 등의 문제가 발생할 수 있다. 「화학물질관리법」 제22조에서는 아산화질소를 환각물질로 지정해 흡입이나 소지, 판매를 금지하고 있다.

「화학물질관리법」 제59조에 의거하면 '제22조를 위반하여 환각물질을 섭취·흡입하거나 이러한 목적으로 소지한 자 또는 환각물질을 섭취하거나 흡입하려는 자에게 그 사실을 알면서 이를 판매 또는 제공한 자'에게는 3년 이하의 징역 또는 5천만 원 이하의 벌금에 처한다고 되어 있다.

위와 같이 환각을 목적으로 코로 들이마시는 물질을 일컬어 '흡입제'라 한다.

흡입제는 1960년대 미국에서 시작되었으며 한국에는 1970년대 말부터 유행하기 시작해 1990년대에 이르러 급속도로 확산되었다. 본드, 스프레이와 같은 일상용품이 대부분이고 주로 10대들이 사용한다는 점에서 일반 마약류보다 심각한 문제점을 지니고 있다.

2000년 초반, 문구점에서 본드를 동그랗게 말고 작은 빨대에 꽂아 불어 풍선으로 만들었던 일명 '본드풍선' 장난감이 있었다. 당시만 해도 초등학생 사이에서 이러한 장난감을 가지고 노는 것이 유행이었으며, 본드 놀이는 흔한 놀거리 중 하나였다. 언젠가 뉴스를 통해 본드 내에 환각이나 구토를 일으킬 수 있는 초산에틸이 검출되었다는 소식이 전해졌다. 그렇게 환각 성분이 있다는 것이 밝혀지면서 어린이들의 건강을 우려하며 방송과 매스컴에서 대대적으로 본드풍선의 위험성을 보도하였고, 정부의 단속과 함께 더 이상 볼 수 없게 되었다.

이러한 흡입제는 탄화수소류와 비탄화수소류로 구분된다. 탄화수소류에는 휘발유와 본드 등이 이에 해당되며, 비탄화수소류에는 에어로졸 스프레이, 아산화질소 등이 해당된다. 일상용품에 쉽게 구할 수 있는 것으로 다른 유형의 약물보다 반응속도가 빠른 데다, 일반적으로 흡입 후 5분에서 45분까지 효과가 지속되며, 개인의 속성 및 환경에 따라 개인차를 나타낸다. 흡입 후에 방향감각 상실, 무의식 상태 또는 발작, 근육조절력 감소, 말의 어눌함, 코피, 호흡장애 등의 부작용이 나타난다. 게다가 뇌세포를 손상시켜 뇌손상을 야기한다. 이외에도 흡입자로 하여금 폭력적이고 포악한 상태로 만들어 범죄의 가능성을 높인다.

1) 흡입제사용장애(Inhalant Use Disorder)

미국정신의학회에서 발간한 《DSM-5-TR 정신질환의 진단 및 통계 편람》에서는 흡입제 물질 사용으로 인해 지난 12개월 사이에 다음의 항목 중에서 최소 2개 이상이 나타난다면 '흡입제사용장애'로 진단한다.

흡입제사용장애 진단기준

1. '흡입제'를 종종 의도했던 것보다 많은 양을 사용하거나 오랜 기간 사용한다.
2. '흡입제' 사용을 줄이거나 조절하려는 지속적인 욕구가 있다. 또는 '흡입제' 사용을 줄이거나 조절하려고 노력했지만 실패한 경험들이 있다.

3. '흡입제'를 구하거나, 사용하거나, 그 효과에서 벗어나기 위한 활동에 많은 시간을 보낸다.
4. '흡입제'에 대해 갈망하거나, 강하게 바라거나, 욕구가 있다.
5. '흡입제' 사용을 반복적으로 하여 직장, 학교, 가정에서의 주요한 역할 책임 수행에 실패한다.
6. '흡입제'의 영향으로 지속적으로 또는 반복적으로 사회적 또는 대인관계 문제가 발생하거나 악화됨에도 불구하고 '흡입제' 사용을 지속한다.
7. '흡입제' 사용으로 인해 중요한 사회적, 직업적 혹은 여가 활동을 포기하거나 줄인다.
8. 신체적으로 해가 되는 상황에서도 반복적으로 '흡입제'를 사용한다.
9. '흡입제' 사용으로 인해 지속적으로, 또는 반복적으로 신체적, 심리적 문제가 유발되거나 악화될 가능성이 높다는 것을 알면서도 계속 '흡입제'를 사용한다.
10. 내성은 다음 중 하나로 정의된다.
    (1) 중독이나 원하는 효과를 얻기 위해 '흡입제' 사용량의 뚜렷한 증가가 필요하다.
    (2) 동일한 용량의 '흡입제'를 계속 사용할 경우 현저히 감소한다.

만약 위의 기준에서 2~3개에 해당하면 경도, 4~5개의 증상이 있다면 중등도, 6개 이상의 증상이 있다면 고도로 진단된다.

고유의 독성을 지닌 흡입제를 사용하면 개인에게 치명적일 수 있다. 흡입제 사용으로 인한 심장기능 이상, 심한 알레르기 반응, 심각한 폐 손상, 구토, 중추신경억제, 무산소증이 발생할 수 있다. 이와 같이 심혈관, 소화기, 호흡기의 문제를 유발한다. 만약 흡입제를 장기간 사용한다면 결핵, 에이즈, 성병, 우울, 불안, 기관지염, 천식 등의 노출 위험성이 증가하게 된다.

흡입제사용장애는 청소년기의 품행장애 및 성인 반사회성인격장애가 함께 동반될 수 있다.

흡입제사용장애는 흡입제 노출이 의도적인 경우에만 진단된다. 만약 '의도적이지 않은' 노출로 인해 중독되었다면 이는 '흡입제 중독(Inhalant Intoxication)'으로 보아야 할 것이다.

2) 흡입제 중독

《DSM-5-TR 정신질환의 진단 및 통계 편람》에 의하면 흡입제 중독의 '의도적이든 의도적이지 않든' 최근 단기간, 고용량의 톨루엔 또는 휘발유 같은 휘발성 탄화수소를 포함하는 흡입제 물질에 노출된 것으로 인해 현저한 문제적 행동 변화 및 심리적 변화(호전성, 공격성, 무감동, 판단력 손상 등)가 발생한 것으로 보고 있다.

여기서 명시하고 있는 톨루엔은 유기합성화학에서 중요한 화합물이며, 많은 물질을 합성하는 원료로 사용되고 있다. 특히 도료의 용제로 사용되는 시너(Thinner)의 주성분(65%)으로 아세트산에틸 등을 배합하여 사용되고 있다. 독성을 갖고 있어 새집증후군, 새차증후군의 주요 요인 중 하나로 꼽고 있다.

이러한 흡입제에 노출되는 동안 혹은 노출 직후에 다음 증상 중 2가지 이상이 나타난다.

흡입제 중독 증상
1. 현기증
2. 안구진탕
3. 운동실조
4. 불분명한 언어
5. 불안정한 보행
6. 졸음
7. 반사감소
8. 정신운동 지연
9. 떨림
10. 전반적인 근육약화
11. 흐린 시력 및 복시
12. 혼미 또는 혼수
13. 다행감

흡입제 중독은 대부분 노출에서 벗어난 이후 수분에서 수 시간 내에 호전된다. 중독된 이들은 예를 들어 접착제나 페인트, 휘발유, 부탄 라이터 등의 흡입제를 소지하고 있거나 소지하려는 기미가 있으며, 이러한 물질에 찌든 냄새가 난다.

우리의 주변에서 쉽게 찾아 볼 수 있는 일상용품이기에 아동 및 청소년들이 이러한 독성물질을 유발하는 흡입제를 사용하거나 노출되지 못하도록 예방과 교육이 필요하겠다.

4장

행동중독

"도박은 탐욕의 아들이요, 절망의 아버지이다."
- 프랑스 속담

1.
행동중독의 이해

물질중독과 행동중독은 유사한 점이 많다. 행동중독 역시 뇌 회로가 공통되게 관여하며, 신체 및 정서적 각성에 따라 행동을 하게 되고 이후에 쾌락과 안심을 통해 욕구가 해소되며 그 결과 각성이 감소하고 후회와 죄책감을 겪는 과정을 겪게 된다.

현재 진단기준 이전 《DSM-5-TR 정신질환의 진단 및 통계 편람》에서는 행동중독의 개념 내용이 매우 제한적이었다. '충동조절장애'의 하위범주에 속해 있는 병적 도박, 병적 도벽, 병적 방화, 발모광, 간헐적폭발성장애 등은 행동중독과 관련성이 높은 장애에 해당된다.

위의 정신질환들은 DSM-5에 이르러 많은 변화가 이루어졌는데, 충동조절장애는 '파괴성, 충동조절, 품행' 장애로 그 범주가 수정되었으며, 병적 도박은 '도박장애'로, 발모광, 간헐적폭발성장애 등은 '강박성 질환'으로 재분류되었다.

충동성과 강박성 두 개념의 유사점과 차이점에 대한 연구가 이루어지면서 위와 같이 재분류가 이루어진 것이다.

1) 충동성, 강박성의 유사점과 차이점

충동성과 강박성은 중독에 있어 핵심 요인으로 관여하게 되는데, 충동성은 중독의 시작 단계에 작용하고, 강박성은 이를 유지되도록 영향을 준다. 충동성 정신질환은 충동조절장애로 불리며, 강박성 정신질환에는 강박성장애가 있다. 이러한 두 개념과 중독성 질환은 서로 유사한 점이 있다.

충동조절장애는 앞선 물질중독들과 마찬가지로 충동적인 행위를 하기 이전에 긴장과 갈망을 느끼다가 해당 행위를 함으로써 긴장이 완화되고 쾌락을 느끼게 된다. 개인은 이러한 행동에 대하여 조절하지 못하며, 충동감은 이내 다시 나타나게 된다. 충동적 행위가 자신에게 그리고 주변에 악영향을 미치는 것을 알고 있음에도 불구하고 충동적 행위가 반복되어 나타난다.

강박장애 역시 강박적 사고가 갑자기 나타나며, 이는 심리적 불편감을 야기하게 된다. 이러한 불편감을 해소하기 위해 특정 행동을 반복하게 되며 심리학에서는 이를 '강박적 행동'이라고 한다. 강박적 행동이 이루어지면 심리적 불편감은 감소하게 된다. 하지만 얼마 지나지 않아 강박적 사고가 슬금슬금 기어 나와 생각을 지배한다. 또다시 강박적 사고에 의한 심리적 불편감을 해소하기 위해 강박적 행동을 하게 되는 이러한 악순환은 습관처럼 반복된다.

신경생물학적으로도 차이가 있다. 정서조절을 개선하는 물질인 SSRI와 같은 세로토닌 약물 반응에 있어 충동조절장애(대뇌피질-기저핵-시상 활동의 저하)와 강박장애(대뇌피질-기저핵-시상 활동의 증가) 간의 차이를 보였다.

또한 심리적으로도 차이점이 있다. 충동조절장애는 보상을 얻고자 그 행동을 하고 싶어 할 뿐만 아니라 성급히 행동한다. 반대로 강박장애는 보상에 관심이 적으며, 강박적 행동을 불필요한 것으로 생각하지만, 본래의 목적과 관계없이 나타나며 위험한 것을 회피하려 한다.

지금까지 두 개념의 유사성과 차이점을 살펴보았다. 중독질환은 충동조절장애가 가지고 있는 충동성 외에도 강박성을 비롯해 다양한 심리적 특성의 차이를 갖고 있고 구별된 모습을 보이기에 이러한 이유로 DSM-5에 이르러 병적 도박(충동조절장애)에서 도박장애(중독성 질환)로 다시 분류된 것이다.

2.
도박중독

사례

미국 프로야구(메이저리그) LA 다저스에서 뛰고 있는 '슈퍼스타' 오타니 쇼헤이의 전 통역 미즈하라 잇페이의 불법도박 사건이 알려지면서 화제가 됐다. 오타니의 10년 지기로도 알려진 미즈하라는 불법 스포츠도박에 손을 댔고, 급기야 도박 자금 마련을 위해 오타니와의 친밀한 관계를 악용해서 그의 계좌에서 거액을 횡령한 것으로 알려졌다.

미즈하라가 불법 스포츠도박에 손을 댔다는 것 외에도 관심을 모은 것은 그의 도박중독 문제였다. 2024년 3월 LA 다저스가 서울을 방문해서 경기를 치렀을 당시 오타니의 계좌에서 불법 스포츠도박 업자에 돈이 송금됐다는 내용이 언론에서 공개되자 미즈하라는 자신의 불법도박 사실과, 도박중독 문제를 갖고 있다는 것을 시인했다.

미국 CBS 등에 따르면 2021년부터 불법 스포츠도박에 발을 들여놓은 미즈하라는 2021년 12월부터 2024년 1월까지 26개월 동안 총 1만 9,000회의 베팅을 해 4,000만 달러(약 556억 원) 이상의 순손실을 기록한 것으로 나타났다. 하루 평균 약 24회, 다시 말해 1시간당 평균 1회의 베팅을 하고 하루 평균 5만 달러(약 6,950만 원) 이상의 순손실을 기록했다는 계산이 나온다.

'도박'이란 더 큰 가치가 있는 것을 얻기 위해 가치 있는 무언가를 거는 것이다. 단순 유희로 끝나지 않고 미즈하라처럼 통제할 수 없을 정도로 도박에 빠져든다면 도박중독을 의심해 볼 필요가 있다. 이러한 중독은 자신의 의지로 그만둘 수 없을 때 사용하는 것이다. 도박의 종류는 다양하고 분류 방법에 따라 '주사위를 쓰는 것', '패를 쓰는 것', '기계를 쓰는 것', '스포츠의 승패를 대상으로 하는 것', '추첨을 하는 것' 등으로 나뉜다.

도박, 사행성 게임물은 누군가에겐 게임으로 여겨질 수 있으나, 국민대학교 법학부 황승흠 교수에 따르면 '사행성' 게임물은 게임이 아니며, 이를 포함한 온라인 게임도 형법의 도박장개설죄가 적용된다는 것이다. 이러한 게임과 도박의 구분은 게임 관련 법률을 통해 알아볼 수 있겠다.

「게임산업진흥에 관한 법률」 제2조1의2에 따르면 "사행성게임물"이라 함은 그 결과에 따라 재산상 이익 또는 손실을 주는 것을 말하며, 이는 다음과 같다.

첫째, 베팅이나 배당을 내용으로 하는 게임물.
둘째, 우연적인 방법으로 결과가 결정되는 게임물.
셋째, 「한국마사회법」에서 규율하는 경마와 이를 모사한 게임물.
넷째, 「경륜·경정법」에서 규율하는 경륜.
다섯째, 경정과 이를 모사한 게임물.
여섯째, 「관광진흥법」에서 규율하는 카지노와 이를 모사한 게임물.
일곱째, 그 밖에 대통령령으로 정하는 게임물.

도박은 유희성을 갖고 있으며, 놀이와 범죄를 구분하는 객관적 기준이 없어 판별하는 것이 어렵다.

한국의 「형법」 제246조의 도박에 관한 처벌규정에서는 일시적 오락 정도에 불과한 것은 예외로 한다고 한다. 금액을 기준으로 위법 행위의 기준을 두는 것이 어려운 것은 개인마다 같은 금액의 돈이라 하더라도 적은 금액이 될 수도 있고, 큰 금액이 될 수 있다.

'대법원 85도2096' 판결 등에서는 "도박죄에 있어서의 위법성의 한계는 도박의 시간과 장소, 도박자의 사회적 지위 및 재산정도, 재물의 근소성, 그 밖에 도박에 이르게 된 경위 등 모든 사정을 참조하여 구체적으로 판단하여야 할 것이다."라고 하고 있다. 즉, 개인의 구체적인 사정에 따라 그 기준은 달라질 수 있는 것이다.

모든 사람이 도박을 한다고 하여 다 도박중독에 빠지는 것은 아니며, 오타니의 전 통역사 '미즈하라 잇페이'처럼 불법도박에 빠지는 이들도 있고, 가볍게 오락거리로 즐기고 끝내는 이들도 있다.

1) 도박장애

《DSM-5-TR 정신질환의 진단 및 통계 편람》에서는 지난 12개월 동안 지속적이고 반복적인 문제적 도박 행동이 현저한 손상과 고통을 초래하였고, 다음의 증상 중 4가지 이상이 나타났다면 '도박장애(Gambling disorder)'로 진단하고 있다.

도박장애 진단기준

1. 원하는 흥분을 얻기 위해 액수를 늘리면서 '도박'하려는 욕구가 있다.
2. '도박'을 줄이거나 이를 멈추려고 할 때 안절부절못하거나 과민해진다.
3. '도박'을 조절하거나 줄이거나, 멈추려는 노력을 하지만 반복적으로 실패한다.
4. 종종 '도박'에 집착한다. 예를 들어 과거의 '도박' 경험을 새기고, 다음 '도박'의 승산을 예상해 보거나 계획하고, '도박'으로 돈을 벌 수 있는 방법을 생각하고 있다.
5. 무기력감, 죄책감, 불안감, 우울감 등의 부정적 감정을 느낄 때 '도박'을 한다.
6. '도박'으로 돈을 잃은 후 이를 만회하기 위해 다음 날 다시 '도박'을 한다.
7. '도박'에 얼마나 관여하고 있는지를 숨기기 위해 거짓말을 한다.
8. '도박'으로 인해 중요한 관계, 일자리, 교육적 또는 직업적 기회를 상실하거나 위험에 빠뜨린다.
9. '도박'으로 야기된 절망적인 경제 상태에서 벗어나기 위해 돈 조달을 남에게 의존한다.

이러한 도박의 행동들은 조증삽화로 더 잘 설명되지 않는다. 또한 심각도는 진단기준을 얼마나 만족하는지에 따라 경도(4~5개), 중등도(6~7개), 고도(8~9개)로 나뉜다. 그리고 도박으로 인해 치료를 받는 이들은 주로 중등도, 고도에 해당되는 환자들이다.

특히 진단에 있어 주의할 것은 '전문적 도박', '사회적 도박'은 도박장애로 보기 어려운 경우가 많다. 전문적 도박은 위험은 제한되어 있으나, 원칙이 중요시된다. 사회적 도박은 주변 지인들과 사교를 목적으로, 제한 시간 동안 주머니 사정 내에 진행하는 것이다. 물론 그중 일부는 단기간 손실을 쫓고 조절력의 상실이 일어나지만 도박장애의 전체 진단기준을 만족하지 않는다. 따라서 두 유형의 도박을 '장애가 아닌 도박'으로 보고 있다.

도박장애를 갖고 있는 이들은 '손실을 쫓는' 패턴이 일어나며, 손실 금액을 도박으로 메꾸려 한다. 처음에는 단타로 끝낼 계획이었으나, 계획이 어긋나 버리면서 점차 장기적으로 변하게 된다. 특히, 앞선 사례의 '미즈하라 잇페이'처럼 도박에서 돈을 잃은 후 도박을 위한 자금을 마련하기 위해 다른 사람에게 거짓과 횡령 등의 불법 행동을 하기도 하며, 이러한 사실을 비밀에 부친다. 도박의 행위가 부끄러운 것임을 알기에 다른 사람들에게 도박 사실을 알리지 않고 비밀리에 부치려 한다.

도박자들에게 사고의 왜곡이 나타나는데, 이를테면 어떠한 사실을 부정하거나 우연한 기회를 통제할 힘이 자신에게 있다고 믿는 것, 지나친 자신감을 갖고 있는 것이다. 또한 이들은 자신의 문제가 돈에서 비롯됐으며, 돈이 해결책이라 믿고 있다. 경쟁적이고 충동적이며, 에너지가 넘치고, 쉬지 않고, 쉽게 싫증을 내는 성격을 갖고 있다.

도박장애를 가진 환자들은 어떤 때에 도박 가능성을 높이는가? 이들의 도박 행위는 스트레스, 우울한 시기 그리고 물질 사용 혹은 금단기에 더 증가할 수 있다고 한다.

국내에서 진행된 한 연구에서는 서울 소재 4년제 대학을 다니고 있는 20대 여대생 325명을 대상으로 문제 도박과 우울, 스트레스의 관계를 조사한 결과 우울 및 스트레스 빈도와 중요도가 높아질수록 문제 도박 수준이 높아지는 것으로 나타났다고 보고하였다.

2) 도박성을 띠는 주식중독

주식은 기본적으로 주식회사의 자본을 구성하는 단위이며, 사원인 주주가 주식회사에 출자한 일정한 지분 또는 이를 나타내는 증권을 말한다. 개인은 주식회사의 주식을 구매하기 위해서 증권사를 통해 거래를 하게 된다. 여기서 증권회사는 유가증권의 발행과 유통을 주업으로 삼는 회사로, 곧 기업을 위해 주식과 채권을 만들어 주고 이것을 거래하려는 사람들을 위해 대신 주식과 채권을 사고 파는 회사이다.

A 씨의 경우, 월 100만 원씩 모아도 집 사는 것이 불가능할 것 같아 시작했으며 "작년까진 운이 좋아 5,000만 원 이상 수익이 났었고 자산이 1억 이상까지 됐다."라고 말했다. 그는 "결혼을 생각하는 여자친구에게도 1억 원 정도는 대출을 받아 전세아파트는 구할 수 있겠다고 자신 있게 말할 수 있었다."라며 정말 행복했다고 하였다. 그러나 하락장 이후 1억 원 중 4,000만 원 이상 손실을 봤고, 5년간 재직한 회사는 잠시 쉬고 있다.

B 씨는 자녀들의 학원비를 벌기 위해 아르바이트도 했으나 주식으로 돈을 벌었던 것이 생각나 다른 일은 할 수 없게 되었으며, 재정을 해

결할 수단은 주식밖에 없다고 하였다.

　신경대학교 경찰행정학과 안영규 교수가 《한국중독범죄학회보》에 실은 〈주식중독의 원인 및 대응방안〉 논문에 따르면 수억 원을 잃고 수년간 정신건강의학과 치료를 받고 있음에도 불구하고 정상 생활에 복귀하지 못하고 있는 4명의 주식중독자를 심층 인터뷰한 결과를 발표하였다. 이들은 주식투자로 단기간에 많은 돈을 버는 경험을 거치며 노동에 대한 왜곡된 시각을 드러내었다.

　마우스 클릭 하나로 주식 종목을 잘 선택하였을 때 얻어지는 보상이 힘들게 노동하며 받은 일당 10만 원 혹은 월급보다 크다면, 아마도 정직하게 일하는 것에 대한 허탈과 노동 의욕의 상실로 이어진다. 이는 주식이 정직하지 않다는 것을 말하는 것이 아니다. 다만, 손실을 담보로 쉽고 빠르게 보상을 받으려는 것에서 행하게 되는 '거짓'과 '충동행위'를 이야기하고자 함이다.

　프랑스 정신과 전문의 마크 발뢰르(Marc Valleur)와 크리스티앙 뷔쉐르(Christian Bucher)는 금융투기가 암거래의 성격을 띠고 '시장의 운동에너지'를 구성한다면, 금융투기 역시 내기의 영역에 속하는 것인 동시에 끊임없이 경제균형을 위협한다고 말할 수 있다는 것이다. 위험도를 무릅쓰고 단타에 큰 이익을 기대하는 측면에서 보았을 때, 도박의 속성이 존재하며, 불확실성에 큰돈을 기대하는 등의 과도하거나 부적절한 주식 거래 행동은 도박중독의 행동 양식 및 증상과 유사한 경우로 관찰할 수 있다.

결국, 단타 주식 종목은 주식투기꾼을 향해 끊임없이 유혹할 것이다. 갈망과 충동성의 행동이 습관이 될 수 있고, 강박적 구매는 또 다른 유형의 도박성을 띠는 중독질환으로 이어질 것이다.

3) 도박중독 원인

도박장애는 여러 드인이 복합적으로 작용하여 생긴 결과이며, 그 원인은 다음과 같다.

첫째, 도박 자체가 주는 스릴감과 즐거움이 있다.
무언가를 희생하여 더 큰 것을 얻는 행위는 모험심을 불러일으키고 스릴감을 가져다준다. 보상을 얻기까지 외줄을 타는 것에서 긴장감과 흥분감을 더한다. 이때 뇌의 쾌감중추를 자극해 짜릿함을 느끼며, 돈을 딴 경험이 더해질수록 이때의 기억과 쾌감이 강하게 각인되어 쾌감 환상을 갖게 되는 것이다.

둘째, 도박중독은 호르몬으로 인한 것이다.
도박 행위가 도파민, 세로토닌, 노르에피네프린 등의 신경전달물질의 분비를 촉진시킨다. 특히, 도박을 할 때 도파민이 중뇌변연계 경로를 거쳐 전두엽에 영향을 끼친다(1장 '뇌과학으르 보는 중독: 1' 참조). 이로 인해 충동을 억제하는 조절력이 상실되어 증독에 빠지는 것이다. 따라서 중독을 뇌의 이상으로 생기는 '뇌질환'으로 보는 것이다. 특히 아동, 청소년이 더 쉽게 중독에 빠지는 이유는 이 시기에 뇌의 가변성이 높아 작은 자극에도 쉽게 반응하기 때문이다.

셋째, 모방학습, 조작적 조건형성의 학습요인으로 인한다.
도박장애 환자들 대부분이 아동기 때부터 도박을 하는 주변사람들을 관찰하고 본인도 모르는 새에 이를 따라하다가 심각한 도박 행동으로 이어지는 것이다. 도박에서 돈을 따거나 돈을 따는 과정에서 느끼는 강한 쾌감, 흥분 그리고 언제, 얼마나 주어질지 모르는 보상으로 인해 도박 행동을 지속하게 만든다.

넷째, 인지적 오류로 인한 것이다.
게임판에서 돈을 잃으면 사람들은 이를 다시 만회하기 위해 다시 게임판에 참가하게 된다. 이성이 마비되어 눈앞의 큰 보상 말고는 아무것도 들어오지 않는 상태에 있는 것이다.

던지기의 확률은 항상 2분의 1이다. 만약 동전이 계속 앞면만 나왔다면 참가자는 자연스레 '이번 판에서는 뒷면이 나올 확률이 높아졌을 거야.'라는 오류에 빠지게 된다. 심리학에서는 이를 '도박사의 오류(Gambler's fallacy)'라 한다. 도박판은 도박자로 하여금 합리화를 하도록 하며 인지적 오류를 범하도록 만든다. 도박자는 돈을 잃을 경우 환경 탓으로 돌린다. 그러나 돈을 땄다면 곧바로 자신의 능력 덕분이었다고 자신할 것이다. 늘 과거의 돈을 땄던 달콤한 기억의 늪에 빠져 있는 것을 '회상의 편파성'이라고 한다.

4) 도박중독 예방을 위한 건전 게임 규칙

어떤 중독이던 치료보다는 예방이 가장 중요하다. 필자는 처음부터 도박에 발을 대지 않았으면 하는 바람이다. 하지만 사람마다 도박에 대한 생각과 입장이 다를 것이다. 누군가는 "저는 사교를 목적으로 제한된 시간과 제한된 금전으로 건전하게 즐기고 있습니다."라고 말할 것이다. 이처럼 전문적 도박 혹은 사회적 도박을 하는 사람들에게 있어 도박장애로 빠지지 않기 위한 일종의 안전장치 내지 게임 규칙이 필요하다고 생각한다. 만약 게임을 적당히 하면 사교적인 혹은 건전한 여가가 될 것이며, 반대로 과하면 영혼을 파는 병적 도박이 될 것이다.

강성군 도박중독 전문가는 건전한 여가로서의 게임을 위해서는 많은 사항을 염두하고 실천해야 한다고 했다. 그에 따르면 건전한 게임 규칙은 10가지이며, 이는 다음과 같다.

첫째, 돈을 목적으로 하지 않는다.

돈을 목적으로 하는 것은 도박중독에 빠지도록 하는 위험한 요인이다. 한두 번은 도박판에서 돈을 딸 수 있어도 게임의 전체적인 판을 놓고 보았을 때 잃는 것이 대부분임을 기억해야 한다. 운이 좋아 처음에 딸 수도 있고, 가끔 기대 이상으로 돈을 딸 수 있어도 대부분은 마이너스이니, 괜한 기대감을 갖지 말자. 도박장애 환자들 대부분이 자신의 병적 도박 증상의 원인이 돈이고 이를 해결할 수단도 돈이었다는 것은 애초에 도박의 목적이 돈을 따기 위함인 것이다. 만약 자신이 돈을 목적으로 게임에 참여할 것 같으면 아예 그러한 게임에 관심을 갖지 않는 것이 좋다.

둘째, 회피 수단으로 하지 않는다.

현재 삶이 불만족스럽거나 복잡하다면 스트레스를 받게 될 것이다. 이를 해소할 목적으로 도박판에 가는 것은 바람직하지 않다. 만약 이러한 것에서 도박판에 발을 들인다면 오히려 더 복잡하고 골치 아픈 일만 생기게 될 것이다. "도박으로 빚을 갚게 되었다." 혹은 "도박으로 제2의 인생을 살고 있다."라는 기사를 본 적 있는가. 오히려 도박으로 인해 삶이 망가진 경우가 허다하다. 도파민을 얻으려다 신체적, 정신적 지병을 얻게 될 것이다.

셋째, 게임을 여가 활동 및 휴식으로 생각하고, 다른 여가 활동과 균형을 맞춘다.

개인은 여가 활동과 휴식을 통해 삶의 활력을 얻고 건강한 삶으로 나아가게 된다. 하지만 도박은 건강한 삶과는 정반대의 요소를 갖고 있다. 물론 개인의 조절력 실패로 인한 것이긴 하나, 도박으로 인하여 경제적 손실, 심리적 허탈감, 에너지의 고갈과 피로 등은 본래의 의도와는 반대로 나아가게 만든다. 그럼에도 불구하고 이를 해야겠다면 가족과 친구들과 건전한 오락거리 정도로만 즐기며, 오락 시설의 이용료 혹은 참가비를 낸다는 기분으로 하는 것이 좋겠다.

넷째, 여윳돈을 가지고 즐기는 것이다.

다소 스릴과 내기성 게임 그리고 돈을 걸고 하는 소위 도박성 게임을 즐기는 이들이 의외로 많다. 돈을 잃을 수 있음을 알면서도 자신의 사고방식을 바꾸지 않는다. 책임질 수 있는 한도 내에서 해야 하며, 여윳돈으로 가볍게 짧은 시간에 즐겨야 한다. 만약, 돈을 잃어 현금서비스, 갖고 있는 시계와 잔지 등을 팔아 현금으로 바꿀 뿐만 아니라 제3금융에 돈을 빌려 가면서까지 게임을 지속하는 것은 심각한 병적 도박 수준에 이르는 행위이다.

다섯째, 예산, 시간 그리고 게임 횟수를 정하고 반드시 지킨다.
건전한 여가 생활로 즐기려면 여윳돈을 가지고 적당한 시간과 횟수를 정하며 이를 반드시 지켜야 한다. 만약 이를 모두 어긴다면 도박이 되어 버릴 것이다.

여섯째, 돈을 빌리지 않는다.
게임에 참가하기 위해 돈을 빌리는 행위는 더 큰돈을 잃게 만들 것이다. 도박으로 인해 빚이 생겼어도 이를 해결할 수단은 큰 보상을 안겨 주는 도박뿐이라는 사실에 계속 도박에 임할 것이다. 끝없는 합리화 속에서 말이다.

일곱째, 잃었을 때 이를 만회하려는 생각으로 계속 베팅하지 않는다.
돈을 잃는 순간 이성적 판단에 문제가 생겨 도박사의 오류를 범하게 된다. 그렇게 계속 베팅하다 보면, 더 큰 문제가 발생하고, 심리적 그리고 경제적 문제가 발생하게 될 것이다. 그러니 사전에 정한 금액과 시간만큼만 즐기고 잃었다면 털고 일어나야 하며, 단박에 모든 것을 이루기 위한 한탕주의에 빠지지 않아야 한다.

여덟째, 도박 관련 행동을 가족 및 주변 사람에게 반드시 알린다.
이들에게 알리며, 숨기기 위해 거짓말을 하지 않아야 한다. 도박은 위험한 상황과 중독이라는 특징을 갖고 있어 주변에 비밀을 둘 수 있다. 처음부터 한 치의 거짓과 비밀을 두지 않아야 한다. 작은 비밀은 점차 거대하고 위험한 비밀이 될 것이다. 솔직함이 자신과 주변을 보호할 수 있는 것이다.

아홉째, 도박 내에서는 실력이 존재하지 않는다.
포커를 예로 둔다면 상황마다 그리고 카드 조합에 따라 확률이 존재한다. 하지만 아무리 뛰어난 실력을 가진 사람이어도 모든 확률을 통제할 수 없다. 자신의 능력을 과신하다가 큰코다칠 것이다. 특히나 전문 타짜가 설계한 하우스에서는 첫판은 이기게 만든다. 이러한 첫판의 결과를 통해 참가자는 우월감과 성취감을 느껴 다음 판을 계속 진행하도록 한다.

열째, 게임과 관련하여 모든 것을 기록한다.
게임장 경비비, 게임장 입장 및 퇴장 시간, 게임 종류, 게임 시간, 획득 금액과 손실 금액, 잃었을 때의 감정 등을 반드시 적어 내려가는 것이다. 이러한 일지는 도박자가 자신의 과거 도박 행동에 따른 결과를 보았을 때, 보다 현명한 판단과 행동을 할 수 있도록 좋은 역할을 할 것이다.

5) 치료 방법

먼저 '중독관리통합지원센터' 혹은 '도박센터'를 필히 방문할 것을 권하며, 전문가와 상담 이후 적절한 상담 및 치료가 제공될 것이다.

이외에 '단도박모임'도 도움이 될 것이다. 도박 문제를 가진 이들이 함께 모여 공감대를 형성하여 문제와 관련한 대화를 나눈다. 모임 과정에서 도박 문제를 위해 개인이 어떠한 노력을 하였는지, 무엇으로 실패하였는지 등을 나눔으로써 개인 및 공동의 목표를 향해 나아가는 것이다.

도박 문제에 관해 치료가 이루어지지 않은 사람을 대상으로 K-SOGS, GA 20문항 그리고 CPGI(Canadian Problem Gambling Index)와 같은 도박중독 선별검사를 실시하고 이를 통해 도박 관련 문제가 있는지 판별한다. 도박장애 이외에도 불안, 우울, 알코올의존 등의 다른 정신과적 문제가 있다면 이를 같이 치료해야 한다. 도박장애의 치료는 도박 근절 방법을 익히는 것이 아닌, 앞으로 살아갈 새로운 삶에 적응하는 방식을 배우는 과정이다. 만약 이들이 도박을 하지 않는다면 무엇을 하며 살아갈 것인지를 심어 주는 것이다.

인지행동치료를 통해 도박장애 환자들의 왜곡된 인지체계를 자각시키는 것이 중요하다.

도박장애를 지닌 이들은 자신이 도박에 취약하다는 것과 어느 정도 도박장애가 완화된 이후에 또다시 도박장애가 재발할 가능성이 높다는 사실을 과소평가하는 경향이 있다. 병적 도박 상태에 있으면서까지 자신의 상태를 인정하지 못하고 자기조절력이 있다고 생각하는 것은 큰 오산이다. 문제가 되지 않을 정도로 해도 괜찮겠지라는 생각은 또다시 도박장애로 되돌아가게 만들 뿐이다.

3. 인터넷, 게임 중독

사례

1. A 군은 어렸을 때부터 똑똑했고 특히 수학을 잘해 경시대회 수상 경력도 다수 보유하고 있는 수학 영재였다. 어머니가 출근하기 전 용돈을 주셨다. PC방은 가지 않기로 어머니와 약속했지만, 어머니가 나가자 언제 그랬냐는 듯 도서관이라고 거짓말까지 하며 PC방으로 간다. 어머니에게 걸려 오는 전화는 전부 무시하며 컴퓨터 게임에 후대폰 게임까지 무아지경이다. 결국 어머니가 직접 A 군을 찾아 PC방으로 찾아오는데, 게임을 하지 못하게 하자 점점 과격해지며 어머니에게 손한 욕설을 뱉는다. 어머니와 A 군의 갈등은 점점 극단으로 치달아 A 군의 과격한 행동에 경찰이 출동하고, 아동 쉼터로 격리까지 됐다. 재회 후 화해하는 듯싶었지만, 모자 갈등은 끝날 줄 모른다.

2. 직장인 B 씨(32세)는 스스로를 '숏폼(짧은 동영상)' 중독자라고 일컬을 정도로 숏폼을 수시로 본다. 퇴근길부터 취침 전 2~3시간을 어김없이 인스타그램과 유튜브를 오가며 숏폼 시청에 쓴다. B 씨는 "하루에 3시간 이상 숏폼을 보는 것 같다."라며 "일과를 마치고 녹초가 된 상태에서는 긴 호흡의 콘텐츠를 소비할 에너지가 없다. 숏폼은 흥미로운 내용만 편집해 콘텐츠를 제공해 주다 보니 부담 없이 계속 보게 된다."라고 말했다.

전 세계 인터넷 사용자 수와 인터넷 이용률이 매년 증가함에 따라 인터넷은 인류를 정보화 사회로 이끄는 주역으로 자리 잡고 있다. 특히 정보화 사회로의 변화는 우리나라에서도 꾸준히 일어나고 있다. 이러한 정보화 사회에서 우리는 인터넷을 통해 눈으로 보거나 만질 수 없는 무형의 정보를 무제한으로 얻을 수 있게 된 것이다. 그뿐만 아니라 무선 인터넷과 초고속 인터넷의 발전 그리고 스마트폰의 등장으로 인해 인터넷 이용의 접근성이 더욱 높아졌다. 이렇게 손쉽게 정보를 얻을 수 있게 되면서 인터넷은 일상생활에 없어서는 안 될 중요한 일부분이 되었다. 반면, 인터넷 사용의 역기능으로 인터넷중독에 대한 문제가 심각한 사회문제로 대두되고 있다.

《정신장애의 진단 및 통계 편람(DSM-4)》(제4판)에서 병적 도박이 DSM-5에 이르러 도박장애로서 정식적으로 '행동장애'로 분류된 것에 반해 인터넷중독은 인터넷사용장애로 거론은 되었으나, 아직 분류되지 못하고 진단기준도 없다.

인터넷중독은 단순 인터넷의 과다 사용이나 몰입과는 구분지어 보아야 할 개념이다. 인터넷중독이라 함은 인터넷 이용이 조절되지 않아 일상생활에서 행동, 심리적 문제가 발생하는 질환이다. 즉, 무분별하게 인터넷을 사용하여 일상생활에서 사회적, 정신적, 육체적, 금전적으로 어려움을 겪는 상태로 볼 수 있다. 또한 인터넷중독은 물질중독과 마찬가지로 강박적 사용 및 갈망, 대인관계 및 사회적 직업적 기능장애를 일으킨다.

미국정신의학회의 잠정적인 분류에 따르면, 인터넷중독은 일반적으로 인터넷의 과도한 사용, 금단, 내성, 부정적인 부수 효과를 포함하고 있다. 여기서 금단증상이란 인터넷중독에 빠진 이들이 인터넷에 접속하지 않고 있으면 안절부절못하고 집중력이 떨어지며 쉽게 짜증과 화를 내는 상태를 말하는 것이다. 또한 내성은 인터넷을 하며 보내는 시간이 점차 길어지고 늘 새로운 자극을 찾는 것을 말한다. 이로 인해 인터넷중독자는 점차 폭력적이고 공격적이며 선정적인 내용을 찾아 몰두하며 PC, 스마트폰 등으로부터 빠져나오기 힘들어지는 모습을 보인다.

인터넷중독은 다양한 형태로 나타나며, 게임, 스마트폰(소셜미디어 및 SNS), 컴퓨터 등이 있겠다.

1) 인터넷 그리고 게임 중독

게임(Game)의 어원은 '흥겹게 놀다'라는 인도-유럽어 계통의 'Gehem'에서 파생된 단어로, 재미를 느낄 수 있는 '놀이' 혹은 '오락'으로 표현하고 있다.

「게임산업진흥에 관한 법률」(2007)에서는 게임물이라 함은 컴퓨터 프로그램 등 정보처리기술이나 기계장치를 이용하여 오락을 할 수 있게 하거나 이에 부수하여 여가 선용, 학습 및 운동 효과 등을 높일 수 있도록 제작된 영상물 또는 그 영상물의 이용을 주된 목적으로 제작된 기기 및 장치를 말한다.

과거에는 게임이 오락실 혹은 PC방에서 즐기는 하나의 놀이로 여겼으나, 현재는 게임을 전문업으로 삼는 '프로게이머'가 있으며 E-SPORTS(게임을 매개로 사람 간에 승부를 겨루는 경기)가 올림픽 종목으로 채택되면서 전 세계적으로 게임에 대한 인식이 바뀌어 가고 있다. 그럼에도 게임중독과 관련한 사건들이 끊이질 않으니, 사회적으로 우려되는 것은 어쩔 수 없는 것이다.

국내 1호 게임학 박사 윤형섭은 게임의 장르를 다음과 같이 구분할 수 있다고 하였다.

게임 장르	
슈팅 게임	슈팅(Shooting) 게임은 플레이어가 순발력을 이용하여 직접 총기를 쏘거나, 탱크나 비행기 등 전투용 탈 것을 조작하여 상대방(적)을 총기로 공격하고, 섬멸하면서 스테이지를 하나씩 클리어하는 게임을 말한다. 이후 3D 기술이 도입되면서 1인칭 시점으로 하는 게임만을 1인칭 슈팅 게임(FPS) 장르로 구분하기도 한다. 슈팅 게임의 대표작으로는 '메탈슬러그'가 있다.
액션 게임	액션(Action) 게임은 플레이어의 신속한 의사결정과 동작 그리고 그에 따른 즉각적인 결과가 특징으로, 액션 영화를 보는 것과 같은 통쾌한 재미와 통제감(Sense of control)의 재미를 제공한다. 과거 전자오락실의 게임들은 대부분 액션 게임이 주를 이루었다. 대표적인 게임으로는 대전 게임인 '킹 오브 파이터', '철권' 등이 있다.

어드벤처 게임	어드벤처(Adventure) 게임은 플레이어 자신이 게임 속의 주인공이 되어 주어진 시나리오를 중심으로 던전 속을 모험하면서 모험 중에 얻은 아이템과 스킬(Skill)을 이용하여 사건과 문제를 풀어 나가는 게임이다. 주로 1인칭 시점으로 진행되며, 3인칭 시점을 제공하는 게임도 있다. '언차티드', '툼 레이더' 등이 있다.
시뮬레이션 게임	시뮬레이션(Simulation) 게임은 현실의 자연법칙에 근거하여 입력된 키 값에 의해 도출된 결괏값을 통해 재미를 느끼는 게임이다. 전쟁, 도시 건설, 비행, 육성 시뮬레이션 게임 등이 있으며, 진행 방식에 따라 턴(Turn) 방식과 실시간 방식으로 나눌 수 있다. 실시간 시뮬레이션(RTS) 게임으로는 블리자드(Blizzard)의 '스타크래프트', 건설 시뮬레이션으로는 '심시티', 전략 시뮬레이션 게임으로는 '에이지 오브 엠파이어' 등이 있다.
롤플레잉 게임 (RPG)	롤플레잉(Role Playing) 게임은 플레이어가 게임 속 주인공이 되어 가상의 세계에서 게임 내에 주어진 역할을 수행하며 퍼즐을 풀어 가는 방식의 게임으로, 스토리를 중심으로 전개되며 주인공이 성장하는 특징이 있다. 대표적인 게임으로 프롬소프트 웨어의 '다크 소울', '블러드본', '엘든 링' 그리고 네오위즈의 'P의 거짓'이 있다. 더 나아가 다수의 유저들이 모인 RPG를 MMORPG라 하며, 대표작으로는 국내 게임 '리니지'가 있겠다.

스포츠 게임	스포츠(Sports)를 소재로 하는 게임이다. 액션, 시뮬레이션 게임 장르로 구분되기도 하나, 최근에는 별도의 장르로 구분되는 추세이다. 다양한 스포츠 종목들이 그에 걸맞은 다양한 기법으로 제작되고 있으며, 야구·축구·농구 등 공식 협회와 라이선스를 체결하여 더욱더 사실화된 데이터와 향상된 그래픽을 통해 스포츠 게임이 실제 경기의 시뮬레이션에 사용되고 있기도 하다. 대표적인 게임으로는 EA의 'FIFA'가 있겠다.
1인칭 슈팅 게임(FPS)	1인칭 슈팅(First Person Shooter) 게임은 게임 플레이어가 1인칭 시점으로 게임을 플레이하는 슈팅 게임으로, 게임 화면이 진행되는 동안 자기가 직접 게임을 하고 있다는 상상을 하게 해 주는 게임 장르이다. '둠', '레인보우 식스', '카운터 스트라이크', '서든어택' 등이 대표작이다. 이러한 작품들은 고전 FPS로 불리며, 현재는 고전 FPS 방식의 틀에서 벗어나 아케이드적인 면을 강조하며, 자유로운 분위기와 다양한 스킬 등을 결합한 하이퍼 FPS가 있다. 대표작으로는 블리자드의 '오버워치', 라이엇 게임즈의 '발로란트'가 있다.

이러한 게임을 강박적으로 집착하거나, 게임을 조절하려 해도 번번이 실패하며, 과도한 게임으로 인해 일상생활 전반에 악영향을 끼치고 있음에도 불구하고 계속하고 있다면 '게임중독'으로 볼 수 있다. 게임중독, 인터넷중독은 아직 진단기준이 마련되어 있지 않으며 많은 연구들이 진행되고 있다. 하지만 물질중독과 도박장애의 행동중독의 진단기준을 참고하여, 게임중독의 진단기준을 다음과 같이 볼 수 있다.

게임중독 진단기준

1. '게임'에 대한 내성이 나타난다. 즉 시간이 갈수록 더 자주, 더 오래 '게임'이 하고 싶어진다.
2. '게임' 금단증상이 있거나 금단증상을 완화하기 위해 계속 '게임'을 하게 된다. '게임' 금단증상으로는 초조, 불안, 무기력, '게임' 장면들이 머릿속에 계속 떠오르는 것 등이 있다.
3. 계획했던 시간보다 오랜 시간 '게임'을 한다.
4. '게임'을 줄여야겠다고 매일 다짐하지만, 매번 실패한다.
5. '게임'을 하기 위해 노력과 시간을 지나치게 쏟는다.
6. '게임'이 학업(직장), 가정 및 대인관계에 지대한 악영향을 미친다.
7. '게임'으로 인해 몸과 마음에 심각한 문제가 있음을 알면서도 계속 '게임'을 한다.

2) 인터넷, 게임 중독 원인

가족 및 사회환경적 요인

인터넷과 스마트폰의 보급률이 높아지면서 인터넷게임의 접근성이 용이해졌다. 이러한 사회환경이 뒷받침되면서 가정 내 부모가 자녀를 적절한 통제력으로 양육하지 못하거나, 인터넷 사용에 대하여 관대하고, 자녀의 인터넷 사용에 대하여 무관심할 때, 인터넷 및 게임 중독의 가능성을 높일 수 있다.

단순함과 편리함

"Simple is the best."라는 말을 들어 보았을 것이다. 단순함의 미학은 이전의 것을 복잡하고 불편한 것으로 인식시킨다. 두 번째 사례와 같이 숏폼에 익숙한 사용자는 긴 영상을 보기 어려워한다. 유튜브의 쇼츠나 인스타그램의 릴스와 같이 1분 내외의 짧은 영상을 보여 주며 영상이 끝나면 자동적으로 재생되거나 아래로 스크롤할 시 다음 영상이 나온다. 이러한 영상들은 사용자의 관심사, 패턴 등을 AI가 종합적으로 계산하여 관련 영상들을 계속 노출시킨다. 1분 내외에 한 주제의 영상을 담기 위해 정보를 짧게 축약하고 빠른 화면의 전환과 다양한 효과들로 관심을 유발시켜야 한다.

　게임의 경우에도 별반 다르지 않다. 게임 플레이어가 직접적인 조작 없이 화면을 켜 두면 컴퓨터가 알아서 플레이어의 캐릭터를 조작하여 자동으로 움직인다. 이른바 '방치형 게임'으로 불리는데, 이러한 단순한 조작에서 오는 편리함 그리고 알아서 성장하니 쾌감마저 느낄 수 있다. 또한 PC는 공간의 제약을 많이 갖고 있다. 데스크탑은 장비들을 많이 요구하나, 스마트폰은 항시 품에 지니고 있으며 시공간의 제약을 받지 않으니, 언제 어디서든 스마트폰을 가지고 편리하게 인터넷 사용 및 게임을 즐길 수 있는 것이다.

자아존중감의 욕구

　인정과 존중의 욕구는 인본주의 심리학자 '매슬로우(Abraham Maslow)'의 5단계 욕구위계론에서 4층에 위치하는 것으로 꽤 높은 단계의 욕구이다. 그는 인간이라면 누구나 타인으로부터 인정과 존중을 받으려는 욕구가 있다고 말했다. 두 수준으로 나뉠 수 있는데, 지위 및 명성으로 타인으로부터 존중받으려는 것은 낮은 수준의 존중감이며, 자기에 대한 존중감 즉, '자아존중감'은 높은 수준의 존중감이라 했다. 매슬로우에 따르면 존중의 욕구가 채워지지 않는다면, 개인은 자아존중감의 상실과 더불어 열등감이 생길 수 있다고 하였다.

현실에서 타인으로부터 존중을 받지 못함은 결국 열등감을 바람직하지 못한 형태로 극복하려는 모습이 게임중독이라는 결과로 이어졌을 것이다. 게임 유저로 하여금 더욱 높은 장비 그리고 랭킹 순위에 오르려는 간절함, 다른 사람들로부터 존중을 받기 위해 게임에 더욱 매진하는 행보로 이어지는 것이다.

현실도피 및 회피성

게임에 집중하는 만큼 현실 속의 불편감을 느끼지 못하는 것이 게임의 원인이 될 수 있다. 마치 술에 취함으로써 현실을 잊는 것과 같은 것이다. 심리적 문제를 회피할 목적으로 사용되던 것이 행동의 습관으로 이어지며, 인터넷 사용 시간은 점차 늘어난다. 목적 없이, 정처 없이 게임의 접속과 게임 사용 시간의 증가 그리고 밤과 낮이 바뀌는 결과를 초래한다.

3) 게임중독과 동반 질환 및 치료 방법

정신과 전문의들은 환자들에게서 다른 정신적 질환(ADHD, 우울장애 등)이 동반되는 경우가 많다고 공통적으로 이야기하고 있다. 동반 질환 증상으로 인해 게임중독이 나타날 수 있으며, 반대로 게임중독으로 사회생활이 제대로 되지 않아 동반 질환이 발병할 수 있고, 혹은 동시에 발생할 수 있다. 이러한 병적으로 게임에 집착하는 사람의 동반 질환을 함께 치료하는 것이 게임중독을 보다 효과적으로 치료할 수 있는 것이다. 인지행동치료, 동기치료, 약물치료의 방법들로 치료가 이루어진다.

4) 인터넷, 게임 중독 어떻게 바라보아야 할까?

20세기만 하더라도 컴퓨터가 인간의 삶의 모든 부분을 장악할 것이라고 예고했었다. 이후 기술은 더욱 발전하여 컴퓨터 기능이 탑재된 지능형 단말기 '스마트폰'이 출현하였다. 은행 업무 및 공공기관 업무를 앱(애플리케이션)을 통해 보다 편리하게 볼 수 있었지만, 최적화 및 완성도가 미흡하여 사용에 불편감을 겪었다. 그러나 스마트폰 기기 및 소프트웨어, 운영체제와 앱 등은 과거라면 가히 상상할 수 없을 만큼 빠르고 정확하게 실행되고 있다. 게다가 코로나19를 겪고 난 이후에 모든 사회 전반적인 시스템이 스마트폰과 인터넷을 100% 활용함으로써 완벽한 비대면 체제를 이루게 되었다.

이러한 비대면 체재, 사회적 거리두기는 현재 진행형이라 본다. 우리 개개인이 의식하지 못한 채, 그러한 방식에 익숙해져 버린 것이다. 인터넷은 우리의 삶을 편리하게 만들어 주었다. 그러나 이를 활용하고 있는 개개인에게 있어 나타나는 문제점이 과연 인터넷 때문이라 할 수 있는 것인가.

중독과 동반 질환은 세 가지 경로로 볼 수 있다. 어떠한 중독으로 인해 생겨난 결과가 정신적 질환일 수 있고, 정신적 질환에 의해 생겨난 결과가 중독일 수 있으며, 중독과 정신적 질환이 동시에 출현할 수 있다.

인터넷 그리고 게임 중독은 가볍게 여겨선 안 되는 문제이다. 스트레스 해소 혹은 현실도피 등 여러 요인이 복합적으로 작용하여 생겨난 결과가 인터넷중독이며 그 기저에는 개인의 심리, 사회적 문제가 있다. 무엇으로 인해 이러한 인터넷 그리고 게임을 선택하게 되었는지 자각하고 스스로 합리적인 선택을 하여 건강한 방향으로 나아가는 것이 중요할 것이다.

4. 음식중독

 음식과 관련한 한국의 대표적인 사회문화 현상으로 '먹방' 열풍이 있다. 소셜미디어에서 수요가 있는 콘텐츠로 국내를 넘어 세계에서도 한국의 먹방을 'Mukbang'이라는 고유 명사로 사용하고 있다. 먹방이 사랑받는 이유는 인간이라면 음식을 오감으로 즐기고 충족하는 욕구를 지니고 있기 때문이다. 인간에게 있어 먹는 것의 즐거움이 얼마나 대단한지를 알 수 있다.

 음식은 인간에게 있어 신체적 에너지를 공급하는 연료이다. 연료가 바닥날 때 뇌에서 배고픔이라는 신호를 주어 에너지 공급의 필요성을 느끼게 한다. 밥을 먹고 나면 배고픔은 사라지고 포만감과 함께 에너지가 다시 넘쳐나게 된다. 그러나 배고픔 없이 음식에 대한 갈망이 생긴다면 어떻게 될까. 아마 과식으로 이어질 것이다.

 먹방 혹은 SNS에 노출되는 특정 음식(높은 칼로리)들은 대게 눈으로 보기에 먹음직스럽다. 이를 보고 지나칠 수 있는 사람이 있을까. 특정 음식과 관련한 시각적, 청각적 자극에 노출되면 현재 배고프지 않아도 그 음식에 대한 '갈망'이 생겨 과식으로 이어질 수 있다.

 배가 고파도, 고프지 않아도 특정 음식을 먹음으로써 심리적 만족감을 얻었다면 아마 이러한 행동은 반복될 가능성이 높다. 그렇게 그 음식에 계속 집착하거나 음식을 지나치게 많이 먹는 행위(과식, 폭식)가 나타난다면, 이는 그 음식에 중독되었다고 볼 수 있다.

음식중독은 중독에 있어 《DSM-5-TR 정신질환의 진단 및 통계 편람》에 구체적인 분류가 이루어지지는 않았으나, 행동중독의 한 분류로 두고 있으며 최근 들어 크게 주목받고 있는 개념으로 연구가 계속되고 있다. 이는 병적 섭식, 비만 등의 문제와 밀접한 관련이 있는 것으로 여겨지고 있다.

1) 폭식장애

폭식장애(Binge-Eating Disorder)는 섭식장애 중 하나로, 음식 조절이 안 되고 부정적인 결과에도 불구하고 음식을 계속 먹는 것, 충동성 혹은 기분 조절 등의 중독성 질환의 특징을 갖고 있다. 전문가들은 섭식장애 중 비만과 관련이 높은 '폭식장애'를 음식중독으로 이해하였다. 하지만 폭식장애와 음식중독의 개념은 차이가 있으며, 폭식장애의 환자들이 모두 음식중독 상태라고 볼 수 없는 것이다. 과다한 음식 섭취로 인하여 비만이라는 결과로 이어지기는 하지만 실제 폭식장애 환자 중 57%만이 음식중독의 기준에 해당됐음이 밝혀졌다.

미국정신의학회에서 발간한 《DSM-5-TR 정신질환의 진단 및 통계 편람》에 따르면, 폭식으로 인해 현저한 고통이 있고, 그러한 행동이 최소 3개월 동안 주 1회 이상 발생한다는 것이다. 폭식의 진단기준은 다음과 같다.

폭식장애 진단기준

1. 반복되는 폭식삽화의 특징
   (1) 대부분의 사람이 일정 시간 동안(2시간 이내) 먹는 양보다 더 많은 양의 음식을 먹는다.
   (2) '폭식' 중 먹는 행위의 조절 능력 상실을 스스로 느낀다.
2. '폭식'은 다음 중 3가지 혹은 그 이상 연관된다.
   (1) 평소보다 많은 양을 급하게 먹는다.
   (2) 불편하게 배가 부를 때까지 먹는다.
   (3) 신체적으로 배고프지 않음에도 많은 양의 음식을 먹는다.
   (4) 많이 먹는 것에 대한 부끄러운 느낌이 들어 혼자서 먹는다.
   (5) '폭식' 이후 스스로에 대한 역겨운 느낌을 받으며, 우울감 혹은 큰 죄책감을 느낀다.

폭식장애는 특정 종류의 영양소를 갈망하는 것은 아니며, 음식 섭취의 양이 과도한 것이 특징이다. 또한 이들의 식사 조절 능력의 상실은 음식 먹는 것을 참지 못하거나 한번 먹기 시작하면 멈출 수 없게 돼 버리는 것이다. 진단기준처럼 폭식할 때 보이는 행동들이 주변 사람들에게 부끄럽다 여겨져 최대한 숨기며 혼자서 먹는 경향이 있다. 대인관계의 스트레스, 음식 규제, 먹는 것으로 인해 변하게 될 체중과 체형에 대한 부정적 느낌 등을 받는다. 자신에 대한 부정적인 평가는 우울감을 야기하게 된다.

2) '폭식장애'와 '신경성폭식증'의 차이점

섭식장애 중 신경성폭식증(Bulimia Nervosa)고도 구별되는 것은, 신경성폭식증은 과도한 양의 음식을 먹고 반복하고, 체중이 늘어나는 것을 막기 위해 구토제를 사용하거나 다음 날부터 금식을 하기도 하며, 과도하게 운동하거나 손가락을 넣어 구토를 유도하는 일명 '먹토'를 하기도 한다. 그러나 폭식장애는 이러한 체중과 체형에 영향을 주기 위한 반복적인 부적절한 행동(먹토, 과한 운동)이 현저하게 또는 지속적으로 보이지 않는다.

3) 음식중독의 진단

미국 미시간대학교 심리학과 교수 애슐리 기어하르트(Ashley N. Gearhardt)는 과학 저널에서 과식에 관한 연구를 읽고, 알코올중독과 음식중독의 과정이 홀연히 다르다는 사실을 알게 되었고, 정확한 기준이 필요하다고 생각하여, 음식 섭취에 적용할 수 있는 '예일 음식중독 척도(YFAC: Yale Food Addiction Scle)'를 개발했다.

기어하르트 교수는 미국정신의학회의 《정신장애의 진단 및 통계 편람(DSM-4)》에 사용되는 평가체계를 도입하여 35개의 행동에 대한 질문을 11개의 음식중독 증상으로 정리했다.

예일 음식중독 척도는 지난 1년 동안의 식습관을 기준으로 평가하는 것이며, 그중 일부를 소개하겠다.

음식중독 척도

1. 특정 음식을 먹을 때 원래 먹으려고 했던 것보다 훨씬 많이 먹었다.
2. 특정 음식을 줄여야 한다고 생각했지만 그래도 그냥 먹었다.
3. 특정 음식을 너무 자주 또는 너무 많이 먹어서 하고 있던 다른 중요한 일을 그만두었다. 중요한 일이란 직장일 수도 있고 가족이나 친구와 시간을 보내는 일일 수도 있다.
4. 너무 많이 먹을까 봐 두려워서 직장이나 학교에 가지 않거나 사회 활동을 하지 않았다.
5. 특정 음식을 줄이거나 먹지 않으면 불안하거나 초조하거나 우울해졌다.

증상을 최소한으로 가진 사람들도 중독으로 간주되며, 그 정도는 경미한 수준(2~3개)부터 극심한 중독 수준(6개 이상)으로 분류된다. 이 척도는 우리나라를 비롯해 프랑스, 이탈리아, 독일 등에서 연구한 결과, 문화권이 달라도 음식중독을 감별하는 데 효과적인 것으로 나타났다.

이렇듯 음식은 예컨대 술과 약물에 중독되는 것처럼 중독될 수 있는 것이다. 앞서 살펴본 폭식장애의 특징을 놓고 보면 음식이 개인의 자제력을 상실시킬 수 있기에 경각심을 가질 필요가 있다.

4) 원인 및 해결 방안

당 과다 음식

당 과다 음식이 중독에 영향을 미친다. 한때, 학생들 사이에서 인기를 누린 탕후루는 과일을 꼬치에 꿰어 설탕 또는 물엿을 표면에 코팅한 것으로 대표적인 고당분 음식이다. 당도가 매우 높으니 과도하게 먹으면 소아당뇨 및 충치가 유발될 수 있다. 또한 니코틴만큼의 중독성이 있음을 경고하였음에도 불구하고 아동, 청소년들이 탕후루를 계속 찾으니, 당 과다 섭취 문제로 국정감사를 받기도 하였다. 한 동물을 이용한 연구에 따르면, 고당분에 장기간 노출된 동물들은 매일 점점 더 많은 음식을 섭취해서 엄청난 양을 소비하는 모습을 보였다. 고당분에서 다시 정상적인 식단으로 돌아오니 금단증상을 보였다는 것이다. 당류에 점차 의존성을 보이는 것에서 비만의 위험도는 높아진다.

당 과다 음식에 중독된 사람은 당뇨로부터 자유롭지 못하다. 음식을 할 때는 설탕 대신 알쿨로스 및 스테비아를 통해 혈당을 조절하는 것이 좋다. 만약 탕후루가 너무 당긴다면 바나나를 썰어 얼려 놓고 적정량 먹는 것도 하나의 방법이 되겠다.

그렐린(식욕), 렙틴(포만감) 호르몬

두 호르몬 대사의 불균형이 폭식을 야기한다. 평소에 고지방, 고칼로리의 음식을 즐겨 먹던 사람이 건강을 위해 갑자기 조절하기로 마음먹었다면 우리의 뇌는 어떻게든 평소 칼로리 할당량을 채우기 위해 신호를 보내게 된다. 시상하부로부터 음식 섭취를 증가시키는 '그렐린(Ghrelin)' 호르몬을 분비시킨다. 이렇게 위장으로부터 배고픔을 잔뜩 느끼기 시작한 사람은 이를 해결할 방안으로 '고칼로리' 음식을 찾게 된다. 식사를 마치고 나면, 자연스레 그렐린 호르몬 수치는 저하되며,

포만감과 식욕억제와 관련된 '렙틴(Leptin)' 호르몬이 분비되기 시작한다. 이러한 두 호르몬은 '에너지 대사의 항상성'을 유지하는 시스템으로서 사이클로 작용한다.

폭식으로부터 벗어나기 위해서는 평소 먹던 식단의 종류 혹은 양의 변화를 점진적으로 주는 것이 현명할 것이다. 또한 '음식을 꼭꼭 씹으며 천천히 먹어야 하는 것'은 렙틴 분비 시간에 맞춰 포만감을 느낌으로써 폭식하지 않도록 유도하는 것이다.

스마트폰은 폭식의 지름길

늦은 밤 스마트폰을 통해 숏폼을 시청하거나 SNS를 하는 사람들이 있을 것이다. 침대에 누워 잠에 빠지기 위해서는 우리 몸에서 멜라토닌이라는 호르몬이 분비되어야 한다. 멜라토닌의 경우, 어두운 상태에서 생성된다. 방에서 불을 끈 채 스마트폰을 바라보면 빛이 멜라토닌의 생성을 방해하여 숙면을 취하기 어려워진다. 특히 스마트폰의 LED에서 나오는 청색광은 동이 틀 때의 햇빛과 유사하여 잠들기 전 스마트폰의 불빛을 우리의 뇌가 아침이라 착각하는 것이다. 결국, 멜라토닌 분비가 억제돼 밤을 지새우게 된다.

앞서 설명한 그렐린과 렙틴 호르몬은 숙면과도 연관이 있다. 렙틴은 잠을 자는 동안 분비되어 배고프지 않게 만든다. 하지만 늦은 밤 스마트폰 사용으로 인해 렙틴 호르몬의 분비를 방해하고 그렐린 호르몬을 유도한다면 두 호르몬의 대사 균형이 깨지면서 야식의 유혹에 빠져 버린다. 불면증환자들의 체중증가 요인이 여기에도 연관이 깊다. 따라서 낮과 밤의 주기가 규칙적일 때 폭식을 줄일 수 있을 것이다.

시각적 자극, 푸드 프르노(Food porn)

맛있는 음식 사진과 영상이 SNS를 통해 노출되기도 하는데, 이를 바라보고 군침을 흘렸던 적 있지 않은가. 아는 맛이 무서운 것처럼 이를 바라보면 뇌에서 도파민이 생성되어 음식을 갈망하게 된다. 특히 야밤에 먹방, 푸드 포르노를 보게 되는 순간, 이때부터 보는 것에 그치지 않고 해당 음식을 먹기 위해 배달 앱에 손이 가 버리는 것이다.

"눈이 가는 곳에 마음이 있다."

주간에 아무리 채식이나 단식으로 하루 칼로리를 제한하는 힘겨운 노력을 하여도 밤에 모든 것이 수포로 돌아가는 불상사가 일어날 수 있는 것이다. 따라서 음식중독 및 폭식으로부터 벗어나려면 시각적 자극을 차단하는 것이 좋겠다.

음식중독의 치료는 물질중독 치료에 효과가 있던 인지행동치료적 접근과 더불어 약물치료가 효과 있다고 한다.

대부분의 음식중독 환자들은 자신의 상태가 중독으로서 치료받아야 할 것으로 여기지 듯한다. 과식과 폭식으로 인해 합병증(비만, 당뇨 등)이 생겨 병원에 방문하고 나서야 자신의 음식중독 치료 필요성을 깨닫고 뒤늦게 치료가 이루어진다. 만약 자신이 과식과 폭식에 놓여 있거나 혹은 그로 인해 질환이 생겼다면, 치료를 늦추지 말고 받기를 권한다.

5. 운동중독

사례

H 씨(23세)는 헬스 외에도 취미로 배드민턴, 클라이밍, 러닝 등의 운동을 하고 있다. 헬스 시작하기 이전, 마른 체형으로 인해 다른 사람들이 자신을 무시하지 않았으면 하는 마음에서 시작하였고, 이제 어느덧 운동을 한 지 4년이 다 되어 간다. 헬스를 하면서 근력의 증가와 신체적 건강 및 자신감을 얻게 되었다. 헬스를 할수록 내외적으로 발전하니 재미를 느끼지 않을 수가 없었다. 그로 인해 운동에 대한 의존도가 높아졌다. 일을 하는 도중, 일을 마치고 헬스장을 가게 되면 어떤 부위(가슴, 등, 하체)를 운동할지, 운동 강도와 횟수는 어떻게 진행할지를 고민하기도 한다.

한번은 운동 초기, '데드리프트(Dead lift)'를 수행하던 중 부상을 입었던 적이 있었다. 쉬어야 하지만 운동을 멈추면 안 될 것 같은 강박 때문에 아픔을 참고 계속하기도 하였다. 현재는 아픔을 무릅쓰고 운동하는 것은 안 좋은 결과로 이어지는 것을 알기에 그러한 행동을 하지 않는다.

운동을 하지 못하게 될 경우, 무언의 압박감 그리고 지금까지 공들여 놓은 것들이 사라질 것 같은 불안감을 느끼기도 한다. H 씨는 운동 전에 미리 계획(시간, 운동 강도, 횟수)을 세우지만, 계획한 시간보다 더 걸리기도 한다. 일과 운동을 병행하고 있고, 계획한 시간에 헬스를 해야 하기에 주변 사람들과 시간을 내어 만나기 어려웠지만 인간관계에 있어 불편감을 느끼지 않

> 았다. 주변에서는 운동을 사랑하는 자신의 모습에 대해 이해를 하지 못한다. 하지만 H 씨 자신은 운동 덕분에 삶이 긍정적으로 변화되었다고 말한다.

우리나라는 외모 지상주의 시대로 인하여 건강보다 외적인 미를 추구하는 경향이 나타나고 있다. 건강하고 아름다운 몸을 만들기 위해서 자기도 모르게 헬스 운동의 묘미와 즐거움을 느끼게 되어 몰입하게 된다. 하지만 지나친 몸매 가꾸기와 미에 대한 추구는 운동중독으로 연결되고, 성형중독과 마찬가지로 신체적 정신적으로 폐해를 가져오기도 한다.

다양한 목적이 있겠으나 적절한 강도와 횟수로 운동을 하고 있다면 적절하게 잘 수행하고 있다고 말하고 싶다. 하지만 앞의 사례처럼 과도하게 운동에 의존하고 강박적으로 운동을 하게 되면서 신체적인 부상을 경험하게 되고, 다쳤음에도 불구하고 강박적으로 운동을 해야 할 것 같은 기분이 들어 헬스장을 방문하는 것은 바람직하지 않다고 본다. 운동에 집착하고 의존도를 보이는 것은 '운동중독'이라고 볼 수 있겠다.

운동중독은 그 용어가 학자들마다 다르게 사용되고 있다. 운동의존성(Dependence), 과도한 운동(Excessive exercise), 강박적 운동(Compulsive exercise), 부정적 운동(Negative exercise), 의무적 운동(Obligatory exercise) 등이 있다.

실제로 운동중독을 가지고 있는 사람들은 긍정적 효과보다 부정적인 효과를 경험하는 경우가 많다. 생활의 불편감과 정신건강의 악화, 일상

생활 지장과 신체 및 심리적 해로움과 같은 부정적인 결과를 초래한다. 다른 삶의 영역보다 운동을 중시하고 시간을 쓴 대인관계에서 갈등을 경험하며, 운동을 하지 못할 때에는 금단증상(불안)을 보이게 된다.

1) 운동의존성

운동중독의 유사어인 운동의존성을 진단하고자 아우센블라스(Heather A. Hausenblas) 박사와 다운스(Danielle Symons Downs) 박사는 《정신장애의 진단 및 통계 편람(DSM-4)》의 기준을 바탕으로 이를 개념화하였다. 실증적인 연구에서는 운동의존척도(EDS: Exercise Dependence Scale)가 의존적 운동선수와 독립적인 운동선수 사이에서 차이가 발생할 수 있다고 보았다. 또한 생물학적 중독과 그렇지 않은 중독 사이에서도 차이가 발생할 수 있다고 보았다.

EDS는 다음의 하위척도를 갖고 있다.

내성
원하는 효과, 욕구를 충족시키기 위하여 훈련량 증가와 동일한 훈련량을 지속적으로 사용함으로써 나타나는 반감효과이다.

금단증상
예를 들어, 불안한 마음을 없애기 위하여 훈련에 참여하는 것이다.

지속성

훈련으로 인하여 초래되거나 악화시킬 가능성이 있는 신체적, 심리적인 문제들이 지속되거나 재발할 수 있다는 점을 인지하면서도 훈련을 계속하는 것을 의미한다.

통제결여

훈련을 줄이기 위한 욕망이나 불만족스러운 노력으로 정의할 수 있다.

타 활동 축소

훈련 때문에 사회생활, 직업생활 및 여가 활동을 포기하거나 축소하는 것을 의미한다.

시간

훈련의 효과를 얻는 데 필요한 활동에 소모하는 상당량의 시간을 의미한다.

의도효과

의도했던 것보다 오랫동안 많은 양의 훈련을 할 때 나타나는 증상을 의미한다.

운동의존 척도에서 하위척도에 해당하는 문항들을 살펴보면, 대략 자신이 운동에 의존하고 있는지 아닌지를 파악해 볼 수 있다.

운동의존 진단	
내성	나는 원하는 효과를 얻기 위해 운동 강도, 횟수, 시간을 계속해서 늘린다.
금단증상	나는 부정적 정서(짜증나는 기분, 불안함, 긴장감)를 줄이기 위해 운동을 한다.
지속성	나는 신체적 부상이 생기거나 혹은 지속적인 부상에도 불구하고 운동을 한다.
통제결여	나는 운동 강도, 횟수, 시간을 조절할 수 없다.
타 활동 축소	나는 가족이나 친구와 시간을 보내느니 운동을 하겠다. 나는 학교나 직장에서 집중해야 할 때에도 운동에 대해 생각한다. 나는 다른 사람들과 시간을 보내는 것을 피하기 위해 운동을 선택한다.
시간	나는 많은 시간 혹은 여가 시간을 운동하는 것에 사용한다.
의도효과	나는 내가 의도, 예상, 계획하는 것보다 더 많이 운동한다.

2) 운동중독과 섭식장애

'운동의존증(운동중독)'에 해당하는 사람들의 경우, 우울과 불안 문제와 함께 섭식장애를 갖고 있기도 하다.

섭식장애의 유무에 따라 운동중독은 2가지로 구분되는데, '1차적 운동중독'은 다른 장애의 동반 없이 의존 및 강박적 운동과 관련이 있다. 반면, '2차적 운동중독'은 체중감량을 위한 수단으로 섭식장애가 더불어 나타날 수 있으며, 체중을 감량하는 것을 주된 목적으로 갖고 있다.

반대로 섭식장애를 앓고 있는 사람들 중에서 일부가 운동중독 증상을 함께 보이기도 하였다. 《DSM-5-TR 정신질환의 진단 및 통계 편람》의 섭식장애 진단기준을 통해서도 과도한 운동과 섭식의 관계를 알아볼 수 있다. 신경성폭식증(Bulimia Nervosa)은 폭식 이후 체중증가를 막기 위해 부적절한 보상행동(과도한 운동)이 일어나며, 신경성식욕부진증(Anorexia Nervosa)은 제한형일 때 과도한 운동을 통해 체중을 제한하려는 시도를 보인다.

미국정신의학회에서 발간한 《DSM-5-TR 정신질환의 진단 및 통계 편람》에 따르면 섭식장애의 하위요인인 '신경성식욕부진증'과 '신경성폭식증'에 대하여 다음과 같이 보고 있다.

섭식장애	
신경성식욕부진증	신경성폭식증
제한형: 지난 3개월 동안, 폭식 혹은 제거 행동(스스로 구토를 유도하거나 하체, 이뇨제, 관장제를 오용하는 것)이 반복적으로 나타나지 않는다. 해당 아형은 저체중이 주로 체중관리, 단식 및 과도한 운동을 통해 유발된 경우를 말한다.	반복되는 폭식이 일어나며, 폭식 이후 체중이 증가하는 것을 막기 위해 반복적이고 부적절한 보상행동(구토, 이뇨제, 관장약, **과도한 운동**)을 말한다.

두 섭식장애를 살펴보면 체중 관리를 위한 부적절한 보상행동으로 과도한 운동이 포함된 것을 볼 수 있다.

이렇듯 운동을 하는 사람에게서 운동중독의 특징이 보일 때, 이들에게서 섭식장애 관련 증상이 나타나는지를 살펴봄으로써 운동중독의 해결 방향을 정교화할 수 있다. 아울러 이들의 운동중독이 1차적인지 2차적인지를 구분하여 다루어야 할 필요가 있다.

3) 운동중독 원인 및 해결 방안

러너스 하이

생리학적 관점에서 널리 알려진 설명으로 러너스 하이(Runners' High) 가설이 있다. 격렬한 달리기 후에 피로하거나 지치는 상태가 아니라 강렬한 희열감을 느끼게 되는 러너스 하이 현상이 운동중독으로 이어질 수 있다는 가능성을 제시하고 있다.

운동중독은 엔도르핀(Endorphin, Endogenousmorphine)이라는 호르몬으로 뇌와 뇌하수체에서 생성되며 탁월한 진통효과 뿐만 아니라 쾌감과 황홀감을 느끼도록 하여, 내인성 마약(모르핀)의 의미를 갖고 있다. 이러한 엔도르핀이 가장 많이 분비될 때가 바로 자기능력의 80% 이상으로 격렬한 운동을 했을 때다. 운동선수가 격렬한 운동 중에 다쳐도 통증을 느끼지 않거나, 복싱선수가 시합 중에 두들겨 맞아도 통증을 덜 느끼는 것, 마라토너들이 말하는 러너스 하이(Runners' High) 등은 엔도르핀의 진통효과 때문이다. 보통 30분 정도 달리면 어느 순간 형용할 수 없는 행복감이 드는 그 순간이 바로 엔도르핀이 분비되는 시점이다. 엔도르핀은 베타-엔도르핀, 감마-엔도르핀, 알파-엔드로핀, 메티오닌-엔케팔린, 류신-엔케팔린 등 다양한 종류가 존재하는 것으로 보고되고 있다.

러너스 하이 가설은 이러한 효과를 뇌의 베타-엔도르핀 활동의 영향으로 설명하는데, 혈장에서 관찰되는 베타-엔도르핀의 변화는 말초적인 변화이므로 혈액 내 관문을 투과할 수 없다는 딜레마가 있다.

내성

운동을 꾸준히 할수록 몸이 운동 강도에 적응이 된다. 교감신경계 각성 가설(Sympathetic Arousal Hypothesis)은 규칙적인 운동(유산소)에 따라 심장박동수가 낮아지며, 이는 운동을 꾸준히 함으로써 운동에 적응하여 나타난 결과라는 것이다. 특히 운동의 효과는 교감신경 활성도를 낮추고 다소 활기가 떨어진 낮은 각성 수준을 유지하게 된다. 그리고 우리의 몸은 그러한 운동효과로 인해 내성이 생긴다. 만약 최적의 각성상태로 다시 올리려면 운동인들에겐 무엇이 필요할까? 바로 그 해답은 운동에 있다. 이러한 것에서 운동 강도는 날이 갈수록 증가할 것이다. 운동으로 인한 각성상태 유지는 일시적이기 때문에 추가적인 운동을 필요로 한다.

교감신경계 각성 모델은 운동에 대한 교감신경계 적응이 모든 사람에게 일어나는데도 므든 사람이 운동중독이 되는가에 대한 설명을 제공해 주지 못한다는 한계점을 갖고 있다.

스트레스 해소 수단

일상에 스트레스를 받게 되는 순간들이 많을 것이다. 특히 스트레스를 다스리기 위해 운동을 시작했다가, 운동의 효과 덕에 매번 스트레스 받을 때마다 운동을 찾게 되며, 이는 운동에 의존하도록 한다. 게다가 미디어에서나 사회적 분위기가 '운동=건강'이라는 프레임에 의해 사람들은 운동이 건강을 위한 수단으로 받아들이게 된다.

운동도 적당히 하면 건강을 위한 길이라 생각한다. 하지만 부적응적 결과(신체적 부상, 심리적 문제)에도 불구하고 지나친 운동을 하는 것에 대하여 스스로를 속이게 된다. 어떤 예기치 못한 이유로 인해 운동을 하지 못하게 된다면 불안감이 엄습하게 된다.

하루 루틴 중 헬스가 차지하는 중요도가 높을 것이라 생각한다. 다른 것보다 헬스만큼 스트레스를 해소시켜 주는 수단도 없을 것으로 여겨진다. 하지만 예기치 못한 일로 헬스를 못 한다고 하여 정서적 박탈감과 부정적 감정을 느끼는 등의 금단증상을 느낀다면 '헬스'를 하는 행위가 바람직한 역할을 기여한다고 볼 수 있을까. 여유로운 마음을 가질 때 운동에 제대로 임할 수 있으며 조급한 다음으로는 운동의 성장을 이룰 수 없다. 그러니 운동을 직업으로 삼지 않고 취미로 하고 있음에도 삶에서 운동이 차지하는 비율이 과하다면, '중독'에 이르렀음을 인지하여 조절하려는 시도가 필요하다.

해야만 하는 운동

이들은 대체적으로 심리적 박탈감을 느끼지 않기 위해 운동을 '해야만 하는' 것으로 여기며 강박성을 띠고 있다. 스스로 정한 운동 빈도와 강도를 하지 못할 경우, 부정적 정서를 경험하게 된다. 혹은 운동을 하지 않으면 자신의 몸이 이전 상태로 퇴보하거나 '근손실'이 일어날까 봐 이를 염려하게 된다. 부정적 정서(스트레스)로부터 벗어나기 위해 운동을 꼭 해야만 하는 것이다. 이러한 선택은 행동주의 심리학의 관점에서 보면 '부적강화(Negative reinforcement)'된 행동과 유사한 것이며, 특정 행위(운동)를 지속시키기 위해 자주 사용되는 강력한 수단이다.

과학적 사실을 통해 중독에 빠지도록 하는 비합리적인 사고를 바꿀 필요가 있다.

첫째, 의학적 근손실.
헬스에 중독된 사람들의 대부분이 근손실을 두려워한다. 하지만 근손실은 일반적으로 쉽게 일어나지 않는다. 운동을 하지 않으면 제지방량(지방을 제외한 몸무게)이 감소하기도 하는데, 이는 근육조직 자체의 손실을 의미하지 않는다. 특히, 근육은 수분에 영향을 많이 받는다. 근육 조직의 70%는 수분으로 이루어져 있으며, 운동을 하지 않을 경우, 근육 속 글리코겐이 빠져나가게 된다. 글리코겐 감소는 근육질량의 감소로 나타나는 것이다. 앞서 말한 제지방량의 감소는 체내 수분량의 감소이다.

이러한 체내 수분감소로 인한 근육량의 감소는 다시 운동을 시작하게 되면 빠르게 회복할 수 있으며, 운동하지 못한 채로 탄수화물과 단백질을 적절하게 먹고, 침대에 완전히 누운 채 운동을 장기간 쉬고 있는 상태만 아니라면 근손실에 대하여 크게 걱정하지 않아도 된다.

한편 높은 혈당은 근손실을 유발한다. 인슐린 기능이 떨어지면 혈액 속의 포도당을 에너지원으로 사용하지 못하게 된다. 이때 근육세포는 포도당 대신 근육세포 내 단백질을 분해해 에너지원으로 사용하며, 근육 내 대사 과정을 방해해 단백질합성을 억제하게 된다. 이로 인해 근육세포의 기능이 약화되고 근육량이 감소하게 되는 것이다.

단백질 과다섭취는 탄수화물에 비해 흡수 속도가 느려 식후 혈당을 급격히 높이지는 않으나, 다음 식사 전 혈당을 높일 수 있어 주의해야 한다. 자주 같은 부위의 근력운동을 하거나 고강도로 무리한 운동을 하면 간에서의 글리코겐합성을 유도해 순간적으로 혈당을 높일 수 있다. 순간 오른 혈당은 잠시 휴식을 취하면 금세 낮아지나 인체에 부담을 줄 수 있기에 가급적 피하는 것이 좋다.

둘째, 휴식은 반드시 필요하다.
쉬지 않고 강박적으로 운동을 하는 것은 스스로 몸을 망가뜨리는 것이며 이때부터는 운동이 아닌 노동이 된다.
운동에 중독된 이는 헬스에 대한 의존도와 강박으로 인해 헬스의 빈도와 강도가 증가하였을 것이다. 근육의 증가는 실제 운동을 통해 근육이 찢어지고 회복되면서 커지는 것인데, 만약 근육이 회복할 수 있는 시간을 주지 않는다면 근육은 성장할 수 없다. 심지어 과도한 운동은 근신경(뇌와 근육을 연결하는 신경)을 피로하게 만들어 본래 수행하던 운동 강도를 낼 수 없다. 마음이 조급해진 탓에 운동 주기를 짧게 가져가며 근신경이 회복되지 않은 상태에서 무게를 높이고 횟수를 더 늘려 나가다가 근육 파열 등의 부상을 초래하게 된다. 따라서 운동에 대하여 여유를 갖고 근신경 및 근육이 회복될 시간을 주는 것이 필요하다.

현재, 운동중독의 치료 지침은 아직까지 존재하지 않으며, 정신질환의 표준 진단기준에서 '운동중독'이 구분되어 설명되어 있지 않고 있다. 전문가들은 운동중독과 섭식장애가 연관이 있기에 섭식장애에 대한 치료지침이 운동장애 치료지침의 일부분을 제공할 수 있다고 말한다. 운동은 건강에 유익을 가져다주기에 운동에 중독되었다 하여 이를 금하는 것은 바람직하지 않다. 치료의 목표는 스스로 조절 가능한 수준의 운동을 할 수 있도록 하는 것이다. 앞선 사례처럼 헬스뿐만 아니라 여러 가지의 운동을 하도록 하는 것이 도움이 되기도 한다. 또한 운동을 하지 못했을 때 부정적 감정을 일으키는 생각을 수정시키는 것이 필요하다.

"항상 건강한 생각과 여유를 가지며 안전한 운동을 하길 바란다."

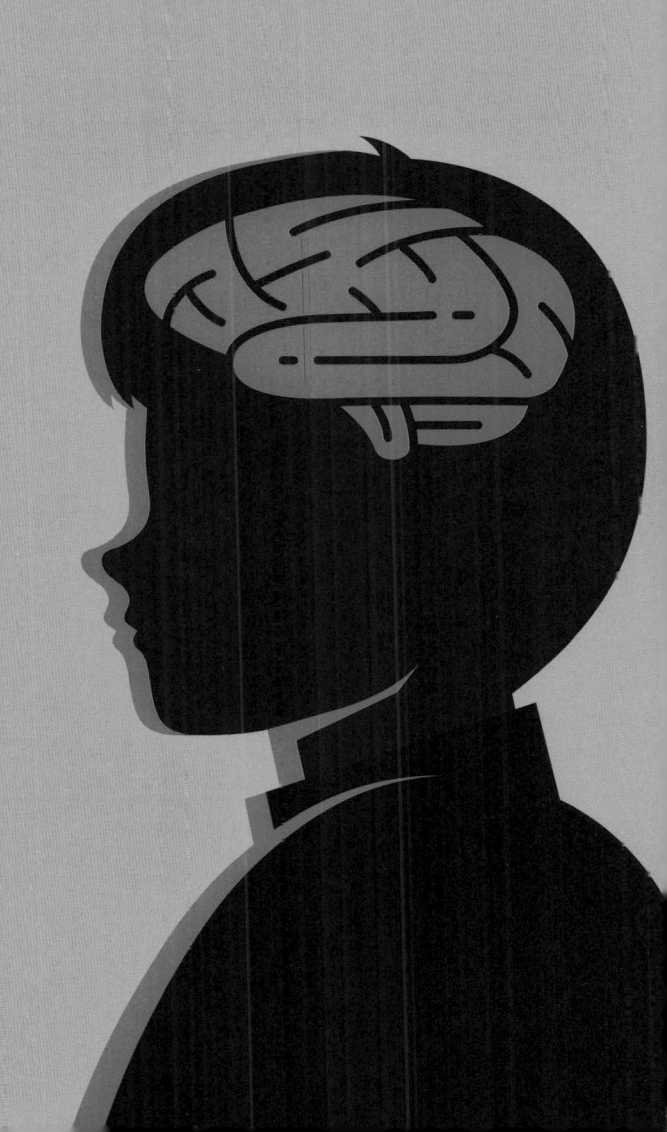

부록

지역별 중독관리통합지원센터 현황

2023년 12월 기준, 전국에 60개의 중독관리통합지원센터가 있다.

지역	센터명	주소	전화번호
서울 (3)	강북구중독관리통합지원센터	강북구 삼양로 19길 154, 강북구민건강관리센터 2층	02-989-9223
	노원구중독관리통합지원센터	노원구 노원로 16길 15, 중계주공아파트 912동 1층	02-6941-3677
	도봉중독관리통합지원센터	도봉구 방학로 53, 백윤빌딩 2층	02-6082-6793
부산 (3)	부산중독관리통합지원센터	서구 구덕로 179, 융합의학연구동 2층	051-246-7574
	사상구중독관리통합지원센터	사상구 가야대로 196번길 51, (학장동) 다누림센터 3층	051-988-1191
	해운대중독관리통합지원센터	해운대구 반송로 853, 반송보건지소 1층	051-545-1172
대구 (2)	달서구중독관리통합지원센터	달서구 월성로 77, 달서건강복지관 4층	053-638-8778
	대구동구중독관리통합지원센터	동구 아양로 246-1, 3층	053-957-8817

인천 (5)	계양구중독관리통합지원센터	계양구 계양대로 126	032-555-8765
	인천남동구중독관리통합지원센터	남동구 간석동 백범로 369, 한국도자기 물류센터 4층	032-468-6412
	인천동구중독관리통합지원센터	동구 송림로 113, 2층 (송영빌딩)	032-764-1183
	부평구중독관리통합지원센터	부평구 마장로 410번길 5	032-507-3404
	연수구중독관리통합지원센터	연수구 앵고개로 133, 남동부수도사업소 2층	032-236-9478
광주 (5)	광주광산구중독관리통합지원센터	광산구 상무대로 237, 3층	062-714-1233
	광주남구중독관리통합지원센터	남구 독립로 25-1, 3~4층	062-413-1195
	광주동구중독관리통합지원센터	동구 구성로 190, 흥국생명빌딩 2층	062-222-5666
	광주북구중독관리통합지원센터	북구 중가로 26, 4층	062-526-3370
	광주서구중독관리통합지원센터	서구 둥금로 151번길 6-2, 연수빌딩 2층	062-654-3802
대전 (5)	대전대덕구중독관리통합지원센터	대덕구 중리서로 42, 3층	042-635-8275
	대전동구중독관리통합지원센터	동구 동대전로 333, 3층	042-286-8275
	대전서구중독관리통합지원센터	서구 갈마로 40, 3층	042-527-9125
	대전유성구중독관리통합지원센터	유성구 노은동로 75번길 85-30, 3층	042-826-3250
	대전중구중독관리통합지원센터	중구 계룡로 920번안길 74, 종근빌딩 2층	042-251-9730

울산 (2)	울산남구중독관리통합지원센터	남구 화합로 105, 로하스빌딩 5층	052-275-1117
	울산중구중독관리통합지원센터	중구 태화로 216, 3층	052-245-9007
경기 (10)	경기도중독관리통합지원센터	수원시 장안구 장안로 262, 4층 401호 (도우빌딩)	031-269-6692
	고양시중독관리통합지원센터	고양시 일산동구 일산로 86, 1층	031-932-7071
	김포시정신건강복지센터	김포시 사우중로 108, 김포보건소 별관 2층	031-998-4005
	성남시중독관리통합지원센터	성남시 수정구 수정로 218, 수정구보건소 5층	031-751-2768
	수원시중독관리통합지원센터	수원시 팔달구 매산로 89, 2층	031-256-9478
	안산시중독관리통합지원센터	안산시 단원구 화랑로 387, (고잔동) 구단원보건소 2층	031-411-8445
	안양시중독관리통합지원센터	안양시 만안구 안양로 119, 계양빌딩 7층	031-464-0175
	의정부시중독관리통합지원센터	의정부시 둔야로 33번길 8, 광희빌딩 5층	031-829-5001
	파주시중독관리통합지원센터	파주시 조리읍 봉천로 68, 2층	031-948-8004
	화성시중독관리통합지원센터	화성시 정남면 서봉로 998	031-354-6614

강원 (4)	강원특별자치도광역 정신건강복지센터	춘천시 후석로 42, 시티빌딩 4층	033-251-1970
	강릉시중독관리통합지원센터	강릉시 용지로 144, 리치빌딩 4층	033-653-9667
	원주시중독관리통합지원센터	원주시 원일로 139, 원주시보건소 지하 1층	033-748-5119
	춘천시중독관리통합지원센터	춘천시 중앙로 131, 춘천시보건소 별관 4층	033-255-3482
충북 (2)	충청북도광역정신건강복지센터	청주시 서원구 1순환로 767, 지오빌딩 2층	043-217-0597
	청주시중독관리통합지원센터	청주시 상당구 대성로 172번길 21, 흥덕보건소 별관 3층	043-272-0067
충남 (2)	아산정신보건센터	아산시 번영로 216번길 18, 아산시 보건소 별관 1층	041-537-3453
	천안시중독관리통합지원센터	천안시 동남구 버들로 40, 동남구보건소 별관 1층	041-577-8097
전북 (4)	전북특별자치도 정신건강복지센터	전주시 덕진구 정여립로 1115, 나눔동지타운 407호	063-251-0650
	군산시중독관리통합지원센터	군산시 공단대로 482, 치매안심센터 4층	063-464-0061
	전주시중독관리통합지원센터	전주시 완산구 장승배기로 263 1층	063-223-4567
	익산시중독관리통합지원센터	익산시 무왕로 975, 2층	063-855-9900
전남 (2)	목포시중독관리통합지원센터	목포시 석현로 48 하당보건지소 3층	061-284-9694
	여수시중독관리통합지원센터	여수시 시청서 4길 47	061-659-4288
경북 (2)	구미중독관리통합지원센터	구미시 검성로 115-1, 2층	054-474-9791
	포항중독관리통합지원센터	포항시 북구 삼흥로 98	054-270-4148

부록

경남 (6)	경상남도광역정신건강복지센터	창원시 마산회원구 팔용로 262, 창신대학교 3호관 4층	055-239-1400
	김해중독관리통합지원센터	김해시 주촌면 주선로 29-1	055-314-0317
	양산시중독관리통합지원센터	양산시 중앙로 7-32, 5층	055-367-9072
	진주중독관리통합지원센터	진주시 진주대로 816번길 20, 2층	055-758-7801
	마산중독관리통합지원센터	창원시 마산합포구 합포로 2, 3층	055-247-6994
	창원중독관리통합지원센터	창원시 성산구 중앙대로 162번안길 8, 창원보건소 4층	055-225-7851
제주 (3)	제주특별자치도광역정신건강복지센터	제주시 아란 13길 15, 제주대학교병원 별관 2층	064-717-3000
	서귀포중독관리통합지원센터	서귀포시 중앙로 101번길 52	064-760-6037
	제주중독관리통합지원센터	제주시 연삼로 264, 제주보거손 별관 2층	064-728-1410